El LIBRO DE LOS CHICOS

Por Kelli Dunham, RN
Ilustrado por Steve Bjorkman

El libro de los chicos
Copyright © 2024 por Applesauce Press LLC

Este es un libro con licencia oficial de Cider Mill Press Book Publishers LLC.

Todos los derechos reservados en virtud de las Convenciones Panamericana e Internacional sobre Derechos de Autor.

Ninguna parte de este libro puede ser reproducida total o parcialmente, escaneada, fotocopiada, grabada, distribuida en forma impresa o electrónica, ni reproducida de ninguna manera, ni por ningún sistema de almacenamiento y recuperación de información conocido ahora o inventado en el futuro, sin el permiso expreso por escrito del editor, excepto en el caso de citas breves incluidas en artículos críticos y reseñas.

La digitalización, carga y distribución de este libro a través de Internet o por cualquier otro medio sin permiso del editor es ilegal y está penada por la ley. Por favor, apoye los derechos de autor y no participe ni fomente la piratería de materiales protegidos por derechos de autor.

ISBN 13: 978-1-40034-084-2
ISBN 10: 1-40034-084-5

Este libro puede solicitarse por correo a la editorial. Por favor, incluya 5,99 dólares para gastos de envío. Por favor, ¡apoye primero a su librero local!

Los libros publicados por la editorial Cider Mill Press Book Publishers están disponibles con descuentos especiales para su compra al por mayor en Estados Unidos por parte de empresas, instituciones y otras organizaciones. Si desea más información, póngase en contacto con el editor.

Cider Mill Press Book Publishers
«Donde los buenos libros están listos para la imprenta»
501 Nelson Place
Nashville, Tennessee 37214

cidermillpress.com

Tipografía: Antique Olive, Berthold Akzidenz Grotesk, Boton, Century Schoolbook, Frutiger, Gill Sans, Glypha, Imperfect, Monotype Sorts, Sue Ellen Francisco

Impreso en Malaysia
23 24 25 26 27 COS 5 4 3 2 1
Primera edición

La información que contiene este libro solo pretende ser una fuente de información. Se insta a los lectores a consultar con un médico u otros profesionales de la medicina para tratar cuestiones específicas. El autor y el editor no asumen ninguna responsabilidad por las lesiones o los daños sufridos como resultado del uso o la aplicación de la información aquí contenida

CONTENIDO

PRÓLOGO
El destino es una cuestión de elección 6

INTRODUCCIÓN
¿Qué está cambiando? 8

CAPÍTULO 1
¿Qué demonios está pasando por aquí? 14
Todo sobre esta cosa llamada pubertad 14
Estirones 16
¿Qué está pasando ahí abajo? 18
Sorpresas matutinas 19
¿Me estoy convirtiendo en un hombre lobo? 20
¿Qué es ese olor? Cambios en la piel 21
Cambios emocionales 21
¿Me están saliendo pechos? 23
¿Qué es ese gallo? Cambios en la voz 24
Un rápido repaso a lo que es normal 26

CAPÍTULO 2
El cuidado y alimentación de tu cuerpo cambiante 28
A la ducha 30
Lávate las manos 30
Loción: Es buena para todos 32
Saliendo: Cabello 33
Oídos para oír 34
Ojo con el ojo 35
Poner tu mejor cara 36
Cómo mantener una sonrisa impresionante 38
¿Tengo que ir? Los chicos y el dentista 39
Minirraíles: El drama de los aparatos dentales 40
Afeitarse 41
¡Armas para tus axilas! 41
Tu primer afeitado 42

Conoce tus pies 44
Vístete 45
¿Soy normal? 46
Comer sano para chicos en edad de crecer 47
Consejos sobre comida chatarra 49
Comer sano en movimiento 50
Deportes: Una forma de trabajar tus músculos 51
Seguridad en el deporte 53
Mantente en movimiento: Más allá de los deportes de equipo 56
Mejoras en el rendimiento: No te arriesgues 58
Bostezos: Los chicos y el sueño 58
Mojar la cama 59
Más consejos para dormir bien 60

CAPÍTULO 3
Amigos y sentimientos 62
Me estoy volviendo loco: Cómo afrontar los sentimientos descontrolados 64
Hacer amigos 68
Habilidades de amistad 70
Algunos consejos más sobre el lenguaje corporal y el escuchar 72
¿Es imprescindible enamorarse? 74
Capacitación personal 74
Consentimiento y límites 78

CAPÍTULO 4
¿Qué quiere esta gente de mí?: Cambios en casa 80
La responsabilidad y tú 82
Toques de queda y otras normas 83
Tareas del hogar 84
Oh, hermano (o hermana): El arte de ser amigo de los hermanos 86
El cuidado y la alimentación de los padres: Cómo hablar para que te escuchen 89

CAPÍTULO 5
Tu cuerpo cambiante en el mundo exterior y en la escuela 90
Estudiar: Sí, es una habilidad 92
Cuestionario: ¿Qué sabes sobre las calificaciones? 94

Consigue la ayuda que necesitas: Problemas de aprendizaje 96
Llevarse bien con los profesores 99
No son solo los libros: Las actividades extraescolares y tú 102
Actividades no deportivas 101
Vístete para el éxito 104

CAPÍTULO 6
Mantenerse seguro en la vida real y más allá 106
Interacciones con adultos 106
La presión del grupo 109
Acoso y burlas: Cómo protegerte 111
Ser valiente sin ser un matón 113
Seguridad personal: Mantener esos límites 115
Ganarse una buena reputación y mantenerte seguro 117
Mantener la seguridad en los mundos electrónicos y virtuales 118
Ciberacoso 120
Date un respiro 122

CAPÍTULO 7
El caos del estrés 124
Cuerpos diferentes, cerebros diferentes 124
Mudanza 127
Divorcio 129
Drogas, alcohol y otras cosas poco saludables 131
Familias superestresadas 132

CAPÍTULO 8
¡Hacia tu futuro y más allá! 134
Ahorrar, gastar y otras decisiones difíciles 135
Explorar las opciones profesionales 137
Universidad, allá voy (bueno, dentro de unos años) 138
Conclusión 140

RECURSOS Y LECTURAS COMPLEMENTARIAS
Libros 141
Páginas web 142
Conoce a los que han colaborado en este libro 143
Índice 144

Prólogo:

EL DESTINO ES UNA CUESTIÓN DE ELECCIÓN

Por Robert Anastas, fundador de SADD (Estudiantes contra la conducción bajo los efectos del alcohol, por sus siglas en inglés)

Como educador, apruebo y recomiendo plenamente *El libro de los chicos*. Kelli Dunham presenta material importante de una manera muy fácil de entender y apoyada en hechos. En mis viajes y conversaciones con estudiantes de todo el mundo, he comprobado que necesitan una base de hechos sólida para tomar decisiones adecuadas. El destino de un joven no es una cuestión de azar, sino de elección.

Llevo más de 30 años trabajando con jóvenes en escuelas e institutos. Mi preocupación principal como educador y consejero ha sido el consumo ilegal de alcohol y drogas. Con los años empecé a ver una sociedad cuyos jóvenes estaban expuestos a una gran presión de grupo para seguir la corriente. A pesar de los valientes esfuerzos de muchos en el campo de la prevención del consumo de drogas y alcohol, su abuso siguió disparándose enla década de 1980 y principios de la de 1990. Parecía claro que los adolescentes iban a ir «a su onda» dijéramos lo que dijéramos. Estoy convencido de que gran parte del consumo ilegal de alcohol y drogas se debe a la presión de los compañeros, y con esto en mente creé el SADD. A través de mi trabajo en SADD descubrí que, dado que el problema del consumo ilegal de alcohol y drogas está sobre todo en los jóvenes, la solución también está sobre todo en ellos. Para resolver un problema de esta magnitud, primero debemos saber más sobre él, y después buscar la causa raíz. Gracias a mi experiencia de trabajo con adolescentes, llegué a la conclusión de que las muertes causadas por conducir bajo los efectos del alcohol habían estado camufladas para los adolescentes de dos maneras. En primer lugar, la falta de comunicación entre padres e hijos, y en segundo lugar, la presión de grupo a que se enfrentan cada día los adolescentes que hacen cosas que quizá no desean hacer. Mi experiencia me llevó a la conclusión de que, por muy decididos que estemos a crear un entorno libre de drogas para nuestros hijos, las estadísticas han demostrado que nuestros esfuerzos han caído en saco roto. Creo que si damos a nuestros hijos información dedicada a abordar la toma de decisiones responsables basándose en información objetiva, tomarán las decisiones adecuadas. Deben estar equipados con información para abordar los síntomas de las conductas de alto riesgo con habilidades clave para la vida (es decir, autoestima, motivación, madurez y liderazgo).

Este libro presenta información válida sobre una amplia gama de temas que ayudarán a los jóvenes a tomar decisiones adecuadas en su travesía vital. Deseo que todos los chicos que lean este libro comprendan mejor su cuerpo y cómo afrontar las numerosas presiones propias de la adolescencia y, de este modo, avancen hacia una vida fructífera. Los padres de preadolescentes pueden tener la seguridad de que este libro permitirá a sus hijos encontrar las respuestas a las numerosas preguntas que surgen en torno a su desarrollo. También puede abrir la puerta a conversaciones saludables entre ustedes como padres y sus hijos.

Introducción:

¿QUÉ ESTÁ CAMBIANDO?

EN ESTE MOMENTO de tu vida, ¡algunos días puede parecer que todo está cambiando!

Tu **cuerpo** está cambiando.

Tus **sentimientos** están cambiando.

Tus **relaciones** con amigos y familiares están cambiando.

Eso no parece justo, ¿verdad?

Sobre todo porque a medida que un chico crece, suele resultarle más difícil hablar con los adultos de su vida sobre el tipo de cosas de que solían hablar. Hay algunas razones de peso para ello:
- Puede tener miedo de hacer una pregunta para la que cree que ya debería saber la respuesta.

☐ Puede sentir que no sabe cuál es la mejor palabra (o la más diplomática) para describir algo que está pasando en su cuerpo.

☐ Puede que le preocupe que algo de lo que siente no sea normal y que la gente se ría de él si sabe lo que pasa por su cabeza (o por su cuerpo).

Esto no es divertido, ¡pero es totalmente normal!

Y no solo los chicos tienen a veces problemas para comunicarse. Tal vez hayas visto que en ocasiones a los adultos de tu entorno les cuesta hablar de los cambios que estás experimentando. Parece que deberían ser capaces de manejarlo, puesto que ellos ya han pasado por la transición de «niño a adulto». Entonces, ¿qué les preocupa? ¡Prácticamente lo mismo que a ti! Tal vez les preocupe no disponer de toda la información correcta. Puede que recuerden lo incómodo que fue para ellos este momento y sientan que no tienen ningún consejo que te ayude. Puede que incluso les preocupe (¿te suena?) no saber con qué palabras correctas o educadas referirse a las partes del cuerpo y los procesos físicos, las palabras que podrían utilizar o la información que tal vez tú ya tengas gracias a tus amigos o Internet. Y puede que les preocupe sobre todo darte más información de la que quieres saber o de la que estás preparado para procesar.

Si tanto niños como adultos están intentando hablar, con la cara roja y balbuceando y tartamudeando, es difícil que fluya la información. Ahí es donde entra en juego este libro.

Este libro contiene mucha información

CONSEJO RÁPIDO

Si no te gusta leer (seguro que muchos chicos querrían que alguien hiciera un videojuego de «todo sobre tu cuerpo cambiante»), puedes pedirle a un adulto de tu confianza que lea este libro contigo. Tal vez puedas usarlo como punto de partida para comentar cualquier pregunta que tengas.

sobre los cambios que se avecinan para ti. Esperamos que responda a muchas de tus preguntas para que te sientas preparado e informado, no confuso y asustado.

No hay una forma correcta o incorrecta para el uso de este libro. ¡Tú eres el que sabe cómo hacer que dé el mejor resultado para ti! Tal vez quieras sentarte y leerlo de principio a fin de una vez (a lo mejor bajo las sábanas con una linterna, si eres especialmente tímido). Puede que por ahora solo eches un vistazo a los capítulos que te interesan y luego lo guardes en tu estantería hasta que te surjan más preguntas sobre el resto del libro. Si no te interesa o no quieres saber nada de lo que se cuenta aquí, no hay problema. Siempre puedes guardarlo para más tarde, cuando quieras saber más.

Esto solo es un libro, así que no puede tener las respuestas a todas las preguntas que tengas sobre este apasionante (pero a veces confuso) momento de tu vida. Te será de mucha ayuda tener un adulto de confianza

con el que puedas hablar. Si algo de lo que leas aquí no tiene sentido para ti, o no concuerda con tu experiencia, coméntalo con uno de tus padres, un profesor, un profesional sanitario u otro adulto responsable y de confianza.

Aunque esta etapa no es fácil, ya dispones de muchos recursos para afrontar los cambios que se te avecinan. Tienes experiencias pasadas de las que has aprendido, y amigos que están pasando por lo mismo que tú, y adultos que se preocupan por ti. Todo ello hará que el proceso sea más llevadero. Te deseo la mejor de las suertes al comenzar la importante transición de pasar de niño a hombre.

LOS CHICOS DICEN:

ME RESULTABA UN POCO EMBARAZOSO HABLAR CON OTROS SOBRE MI CUERPO, ASÍ QUE ME ALEGRÉ DE QUE HUBIERA UN LIBRO COMO ESTE. YO SOLÍA GUARDAR EL MÍO ESCONDIDO EN EL CAJÓN DE LOS CALCETINES, DONDE NADIE LO BUSCARÍA.

-Danny, 15 años

Capítulo 1:

¿QUÉ DEMONIOS ESTÁ PASANDO POR AQUÍ?

Si eres un chico de entre 8 y 12 años, probablemente hayas notado algunos cambios en tu cuerpo. A estos cambios los llamamos pubertad. La pubertad es el nombre general del proceso que atraviesa todo el mundo para pasar de niño a adulto. Algunos de los cambios son físicos; y otros, emocionales.

La pubertad se desarrolla a lo largo de varios años y, aunque pueda parecer que el proceso no va a terminar nunca, la mayoría de los chicos superan la pubertad a los 16 o 17 años.

Todo sobre esta cosa llamada pubertad

Los cambios que experimentará tu cuerpo pueden parecer un poco misteriosos, pero básicamente tienen un origen: producción en tu organismo de cantidades extra de unas sustancias químicas especiales llamadas hormonas. En los chicos, la hormona más responsable de la pubertad se llama testosterona, mientras

que la responsable de la pubertad en las chicas se llama estrógeno. En las próximas páginas oirás hablar mucho más de la testosterona.

Estirones

Uno de los primeros cambios que tal vez notes es que estás creciendo rápidamente. Durante este estirón, algunos chicos descubren que la ropa que les quedaba bien al principio del curso escolar ¡ya les queda pequeña en Halloween! Pronto, tus hombros empezarán a ensancharse y tus músculos se desarrollarán más.

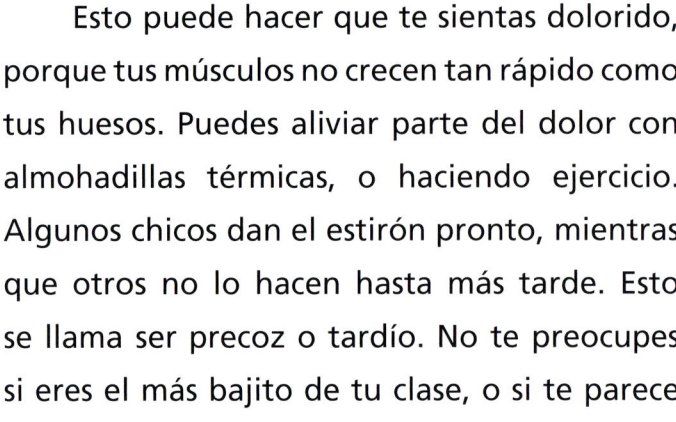

Esto puede hacer que te sientas dolorido, porque tus músculos no crecen tan rápido como tus huesos. Puedes aliviar parte del dolor con almohadillas térmicas, o haciendo ejercicio. Algunos chicos dan el estirón pronto, mientras que otros no lo hacen hasta más tarde. Esto se llama ser precoz o tardío. No te preocupes si eres el más bajito de tu clase, o si te parece que nunca vas a dejar de crecer. Tu cuerpo crecerá hasta alcanzar la altura perfecta para ti.

Una parte molesta (y posiblemente embarazosa) del aumento rápido de tamaño y estatura es que tus brazos, piernas, manos y pies pueden crecer más rápido que el resto de tu cuerpo. Así que, mientras el resto de tu cuerpo se pone al día, tal vez te sientas un poco (o más que un poco) torpe. Tarde o temprano, tu cuerpo recuperará el tamaño proporcional y volverás a ser el mismo de siempre.

CONSEJO RÁPIDO

Si te preocupa que cuando tengas una erección la gente de tu alrededor se dé cuenta, lleva contigo una sudadera extra para ponerla sobre tu regazo.

¿Qué está pasando ahí abajo?

Otra cosa que muchos chicos notan cuando comienzan la pubertad es que sus testículos (las glándulas que producen el esperma y la testosterona) empiezan a aumentar de tamaño y la piel del escroto (la bolsa de piel que tienes detrás del pene, donde están los testículos) se vuelve oscura. Si te ocurre esto, es posible que también hayas notado que la piel del escroto empieza a tener un aspecto más rugoso.

También es posible que descubras que, al tener más testosterona en el organismo, quizás tengas erecciones más frecuentes. Los varones pueden tener erecciones (cuando el pene se pone duro y sobresale más) incluso cuando son bebés; esto es normal. Pero cuando estas erecciones empiezan a producirse con más frecuencia (sobre todo sin motivo aparente), ¡puede resultar bastante embarazoso! La mayoría de las veces, si no le das demasiada importancia, nadie se dará cuenta de que tienes una erección, sobre todo si estás con otros chicos de tu edad. Lo más probable es que estén demasiado ocupados con sus propios complejos físicos como para darse cuenta de lo que te pasa a ti.

Sorpresas matutinas

Otra cosa que a veces puede avergonzar a los chicos que pasan por la pubertad es algo que los médicos llaman «emisión nocturna», y que todos los demás llaman «sueño húmedo». Un sueño húmedo es cuando sale algo de semen (el líquido pegajoso que se almacena en los testículos) del pene mientras duermes. A veces, cuando esto ocurre, el chico recuerda un determinado tipo de sueño; otras veces solo nota una mancha húmeda en el pijama o en las sábanas al despertarse.

Si no sabes nada al respecto de antemano, un sueño húmedo puede parecerte algo extraño o incluso darte un poco de miedo. Pero los sueños húmedos son una parte normal del desarrollo, y dejarán de pasarte conforme te hagas mayor.

Algunos chicos se avergüenzan cuando tienen un sueño húmedo porque el semen puede dejar una marca en las sábanas. Si ese es tu caso, tal vez quieras hablar con los adultos de tu vida para que te dejen lavar tu ropa de cama. Así estarás tranquilo porque serás el único que sepa cuándo tienes un sueño húmedo, y los adultos de tu vida estarán contentos ¡porque eso significa que tendrán menos colada que hacer!

El experto dice

Sudar es una parte saludable de estar activo, así que no sientas vergüenza si después de un intenso partido de baloncesto hueles un poco. Dúchate en cuanto puedas.

¿Me estoy convirtiendo en un hombre lobo?

¡No, tranquilo! Una parte importante de la pubertad es el crecimiento del vello en todo tipo de nuevos lugares. A menudo, el primer sitio donde un chico nota que le crece vello es encima del pene. El siguiente lugar donde se vuelve un poco velludo son las axilas, y después la cara, normalmente encima del labio. Cuando esto ocurre, está cerca el apasionante proceso de aprender a afeitarse. Por último, el vello corporal comienza a extenderse por las piernas y los brazos. Esto puede seguir incluso unos años después de todos los demás cambios importantes de la pubertad. Algunos chicos desarrollan vello en el pecho mucho después de la pubertad, incluso a los veintitantos años, pero no todos los hombres adultos tienen vello en el pecho.

¿Qué es ese olor? Cambios en tu piel

Es posible que hayas notado (o que alguien te lo haya dicho) que estás empezando a oler, ¡y no como una flor! Al pasar por la pubertad, las glándulas sudoríparas y sebáceas de la piel se vuelven más activas. Esto te hace sudar más. Debido a los cambios hormonales, tu sudor también tiene un olor diferente, a veces más fuerte.

Tus glándulas sebáceas también están produciendo más grasa, y esto es parte de lo que causa el acné (también llamado «granos», «espinillas» o «barrillos») durante la pubertad. El acné y el mal olor son normales, pero hay formas de cuidar tu piel para disminuir los problemas que ambos causan. En el próximo capítulo tienes más información sobre cómo cuidar de tu cuerpo en crecimiento.

Cambios emocionales

¿Nunca has llegado a la situación de sentirte feliz en un momento, furioso al siguiente y triste media hora después? Bienvenido a una de las partes más duras de la pubertad: los cambios en el estado de ánimo.

CONOCE LOS HECHOS

Las hormonas son mensajeros químicos que ayudan a tus células a comunicarse entre sí. Todo el mundo tiene hormonas. En los chicos, la hormona que controla la pubertad se llama testosterona; en las chicas, es una hormona llamada estrógeno.

El aparato reproductor masculino es una pieza de fontanería bastante asombrosa. Está formado por el pene, el escroto, los testículos y la uretra. Al pasar por la pubertad, notarás que te crece vello púbico (vello alrededor y por encima del pene) y que tu pene aumenta de tamaño.

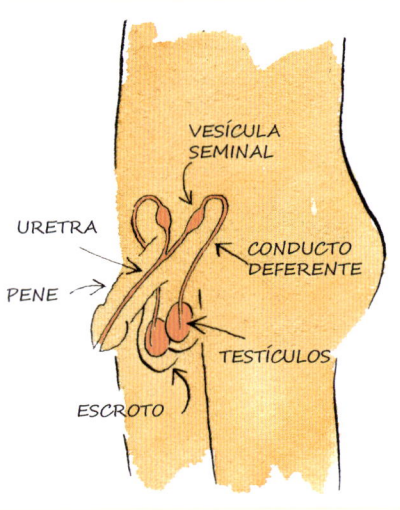

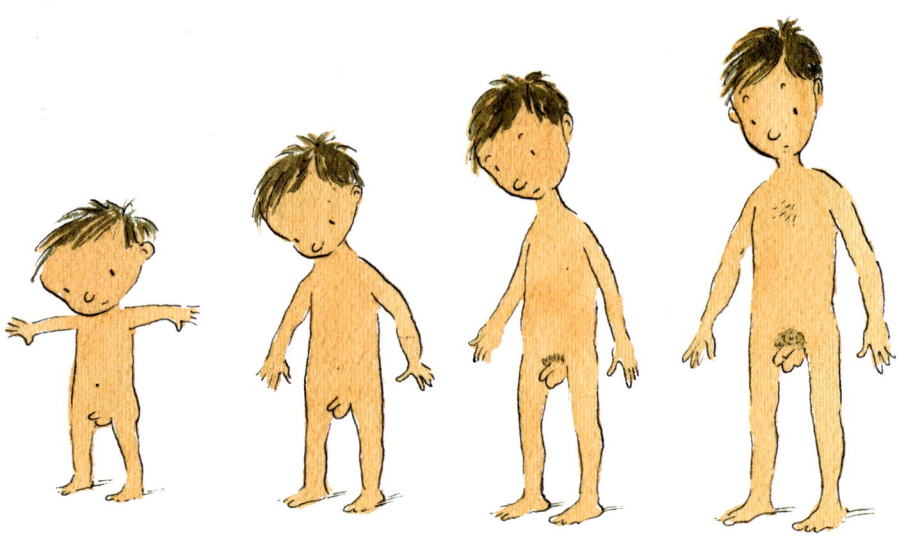

Hay al menos dos razones para los cambios de humor o de ánimo. La primera son los cambios hormonales que se están produciendo en tu cuerpo. Sí, ¡la molesta testosterona ataca de nuevo!

La segunda tiene que ver con los cambios en cuanto a tu lugar en el mundo. La pubertad es el puente entre ser un niño y un hombre, y a veces puedes sentir que no perteneces a ninguna de las dos categorías. Ya no eres un niño, pero a veces te sientes por dentro como uno y sigues queriendo hacer cosas de niños. Por otro lado, no está preparado para las responsabilidades de ser adulto, aunque sientes que quieres y necesitas más independencia. Puede que algunos días te sientas fuera de lugar y como si nadie entendiera por lo que estás pasando. No es de extrañar que puedas estar un poco (o muy) malhumorado.

Hablar de tus sentimientos puede ayudarte a mantener esas emociones bajo control. No te preocupes si te resulta difícil abrirte: todo el mundo se siente así a veces. Un adulto de confianza entenderá si te resulta difícil sacar las palabras.

¿Me están saliendo pechos?

En realidad, los chicos también tienen tejido mamario bajo los pezones. Más o menos

El experto dice

A todos nos preocupa lo que piensan los demás sobre nosotros, el aspecto de nuestro cuerpo y cómo se ve en comparación con los demás.

LOS CHICOS DICEN:

POR UN TIEMPO PENSÉ QUE MI PECHO TENÍA UN ASPECTO EXTRAÑO, COMO SI ME HUBIERAN SALIDO PECHITOS. SE NOTABA SOBRE TODO EN VERANO, CUANDO TODO EL MUNDO LLEVABA BAÑADOR. LE PEDÍ A MI MADRE QUE ME COMPRARA UNA CAMISETA DE NATACIÓN DE LICRA Y ESO ME AYUDÓ MUCHO. ADEMÁS, ASÍ NO TUVE QUE PONERME TANTO PROTECTOR SOLAR.

-Robbie, 18 años

la mitad de los chicos desarrollan cierta hinchazón bajo los pezones como parte de la pubertad media. El nombre médico para esto es ginecomastia, y es una reacción normal a los cambios hormonales. No hay medicamentos que eliminen esa hinchazón; desaparece por sí sola, normalmente en unos seis meses. Si te preocupa mucho, habla con tus padres o tutores, o con un profesional de la salud. Como los chicos también tienen tejido mamario, todos los chicos tienen pechos de forma y tamaño diferentes. ¡Para ser normal no hace falta que te parezcas a alguien de una revista de culturistas!

¿Qué es ese gallo? Cambios en la voz

Cuando tengas entre 12 y 14 años, tu voz empezará a ser más grave. El cambio en tu voz se debe (apuesto a que ya lo has adivinado) al efecto de la testosterona. En este caso, la testosterona actúa sobre tu laringe (también conocida como caja de la voz). Entonces la laringe se agranda y tus cuerdas vocales se hacen más largas y gruesas.

Para algunos chicos, el cambio de voz se produce casi de repente; parece que se acuestan una noche con voz de niño y se despiertan a la mañana siguiente con voz de hombre. Otros pueden pasar meses en los que tienen la voz más aguda en un momento y más grave un instante después. A veces, un cambio muy rápido de tono se parece al sonido de un gallo. Esto puede ocurrir en momentos muy inoportunos: cuando haces una pregunta en clase o cuando estás a punto de contar el final de un chiste. Por suerte, los cambios de voz rara vez tardan más de 3 ó 4 meses en solucionarse. Recuerda, ¡no todos los chicos acaban teniendo voces profundas y potentes! Tener una voz un poco más aguda también es normal y natural. Si alguien intenta decirte que no tienes voz de chico o de hombre, debes saber que esa es tu voz y que tú eres un chico, ¡así que obviamente tienes una voz de chico!

CONOCE LOS HECHOS

Durante la pubertad, las cuerdas vocales de un niño crecen un 60 % más y se vuelven más gruesas. Pasan de vibrar 200 veces por segundo a 120 veces por segundo.

UN RÁPIDO REPASO A LO QUE ES NORMAL

☐ En primer lugar, es normal sentirse inseguro con los cambios en tu cuerpo. Por eso se escribió este libro, para ayudarte a resolver algunas de las dudas que puedas tener.

☐ También es normal que tu desarrollo sea más lento o más rápido que el de tus amigos y otros chicos que conoces. Cada uno tiene su propio ritmo de desarrollo físico y emocional.

☐ Es normal que te sientas inquieto contigo mismo y con tus relaciones. La pubertad es una época muy confusa (y a veces incómoda) para todo el mundo. Ahora mismo, ¡sentirse raro es perfectamente normal!

☐ Es normal que te ocurran cosas embarazosas, como que te salga un gallo en la voz durante una presentación. En ese momento, puede parecerte lo peor que te ha pasado jamás, pero en unas semanas o meses es posible que lo olvides por completo.

☐ Es normal tener un cuerpo que no se parece al de tu estrella favorita del culturismo en las redes sociales, ni al de la gente de las revistas o ni siquiera al de otros chicos que ves en el vestuario. ¡Los cuerpos vienen en todas las formas y tamaños!

☐ Es normal que quieras cambios en tu vida. Estás creciendo y se supone que las cosas no van a seguir igual para siempre.

☐ Pedirle a tu padre, a tu madre o a otro adulto que te ayude con cualquier problema al que te enfrentes en tu paso por la pubertad no solo es normal, sino que es lo idóneo. ¡Para eso están!

☐ Que te crezca pelo en algunos

lugares inesperados es totalmente normal, y si no te crece pelo en algunas partes donde lo esperarías, también es normal. Puede que el vello empiece a crecer más tarde, o puede que no aparezca.

☐ Es normal que procures asumir más responsabilidades y tener más control de tu vida (sobre todo si tu vida parece estar más fuera de control). Este es el momento de tu vida en el que estás empezando a ganar un poco de independencia real, y tu comportamiento determinará cuánta independencia puedes manejar en este momento de tu vida.

Así que no te preocupes. Puede que tardes un poco, pero tarde o temprano descubrirás que todos estos cambios se han solucionado por sí solos y ¡te sentirás perfectamente normal!

CONSEJO RÁPIDO

Llevar un diario puede ayudarte a sentir que tienes el control de tus emociones. Sacar esos sentimientos de tu cabeza y plasmarlos en un papel puede ayudarte a entender un poco mejor por qué te sientes como te sientes. No tienes por qué dejar que nadie lea (o ni siquiera sepa que existe) tu diario. Puede ser tu secreto. Puedes llevar un diario en tu computadora o tener un cuaderno especial en el que poner tus pensamientos.

Capítulo 2:

EL CUIDADO Y ALIMENTACIÓN DE TU CUERPO CAMBIANTE

Parece una broma de la naturaleza que justo cuando las glándulas sudoríparas de los chicos empiezan a trabajar horas extras, ellos suelan desarrollar lo que parece una alergia al baño. Si tienes problemas con los adultos de tu vida por la cuestión de bañarte (algo que te quita tiempo de estar con tus videojuegos), recuerda: ahora que estás creciendo, tienes glándulas sudoríparas más propias de los adultos. Esto significa que vas a oler más a adulto. Aunque tú no notes la diferencia, la gente a tu alrededor sí la nota. Si te ganas la reputación de «niño apestoso», sobre todo en la escuela, puede ser muy difícil perderla.

A la ducha

Ducharse (o bañarse) todos los días (o al menos cada dos días) es tu primera línea de defensa contra los «malos olores». Para conseguir mejores resultados, lávate todo el cuerpo (de la cabeza a los pies) con jabón. El jabón es una parte importante de este proceso que los chicos a veces olvidan. Si has notado que hueles especialmente mal, puedes comprar un jabón especial etiquetado como «desodorante», que te ayudará a mantenerte libre de olores más tiempo. Sin embargo, es mejor no utilizar jabón desodorante en todo el cuerpo, porque puede resecar mucho la piel. Solo debes utilizarlo donde más hueles (normalmente las axilas y los pies).

Puede que veas anuncios de «espráis corporales» que pueden ayudarte a oler mejor (y también a escalar edificios y aprender a manejar el monopatín, según los comerciales), pero a menudo los que se venden para chicos de tu edad son muy fuertes. De hecho, son tan fuertes que pueden hacer que a la persona sentada a tu lado le cueste respirar. Si realmente te gusta el olor de estos espráis, ponte muy poco (rocíate durante medio segundo aproximadamente) y no lo uses para sustituir la ducha. El olor corporal sumado al esprái corporal puede provocar una situación nada agradable.

Lávate las manos

Lavarse las manos es otro tema de higiene personal importante, ¡y lo bueno es que ni siquiera tienes que mojarte del todo para hacerlo! Lavarse las manos no es solo una cuestión de higiene personal, porque los gérmenes de las manos (con las que lo tocamos todo) pueden hacer que tú (y las personas que te rodean) enfermes. A veces, a los chicos les parece que los adultos se preocupan demasiado por lavarse las manos, pero es muy importante. Si comes sin lavarte las manos, es como si (sí, ya sé que es asqueroso) te metieras en la boca todo lo

CONSEJO RÁPIDO

Ducharte antes de acostarte por la noche te ayudará a salir más rápido por la mañana. Sin embargo, si te preocupan especialmente los olores (o si a ti y a tu hermano les gusta pelearse por la noche después de ducharse), probablemente lo mejor sea un baño o ducha matinal.

que has tocado desde la última vez que te las lavaste. No es una imagen muy agradable, ¿verdad? ¡Qué asco!

También es muy importante lavarse las manos después de ir al baño, después de acariciar o tocar cualquier tipo de animal, o si has estado cerca de alguien enfermo.

Ya sabes cómo lavarte las manos, ¿no es cierto? Puede que sí, pero la mayoría de la gente no se lava las manos el tiempo suficiente. En realidad bastan de 15 a 20 segundos bajo el agua tibia (con jabón) para que queden limpias. Puedes usar un temporizador (o simplemente contar para ti) para asegurarte de que te lavas el tiempo suficiente. A veces, la suciedad puede quedar atrapada bajo las uñas: existen cepillos de cerdas suaves que te servirán para eso. Si te recortas las uñas con frecuencia, también te resultará más fácil mantener las manos limpias.

Loción: Es buena para todos

Tú —sí tú— puedes usar loción. Algunos chicos necesitarán loción después de la ducha para no tener la piel seca, escamosa y con picores, lo que algunos llaman aspecto «de ceniza». Puedes conseguir una loción especial para chicos, o una que no tenga olor añadido. Si te la aplicas mientras aún estás húmedo de la ducha, el proceso será aún más suave. Puede que incluso descubras que te gusta la sensación que deja.

Saliendo: Cabello

Los chicos lo tienen bastante fácil en cuanto a lo que la gente espera que hagan con su cabello. Un lavado regular con champú (que puede ser todos los días si tienes el cabello graso, o quizás una vez a la semana si tienes el cabello grueso) debería bastar.

Algunos usan gomina para mantener el cabello fijo. Algunos geles se aclaran fácilmente, pero otros (sobre todo los que tienen base de cera) son mucho más difíciles de eliminar. Si vas a utilizar un gel con base de cera o un producto para moldear el cabello, tendrás que lavártelo todas las noches si no quieres despertar por la mañana con el cabello como salido de una película de terror.

Si tienes el cabello más largo o especialmente propenso a enredarse, puedes comprar un acondicionador para ponértelo después del champú. Si tienes el cabello más largo y grueso, es posible que necesites un tratamiento especial de acondicionamiento intenso cada semana. También puedes comprar champús especiales para cabellos muy secos, para evitar la caspa (cuando la piel del cuero cabelludo se descama y te arma un desastre) y para cabellos expuestos

CONOCE LOS HECHOS

Los gérmenes no se ven a simple vista; necesitas un microscopio para verlos (y seguramente no te llevas uno a la ducha). Esto significa que no puedes saber si los tienes en las manos o en los pies. El calor de tu cuerpo combinado con el sudor permite que los gérmenes crezcan rápidamente, por eso es importante limpiarte todo el cuerpo con regularidad.

El experto dice

¿Has visto cómo los niños pequeños se llevan las manos a los oídos cuando pasa algo que provoca un sonido fuerte? Son inteligentes, porque saben que los sonidos fuertes pueden dañar sus oídos. Los auriculares que te pones para escuchar música también pueden dañarte los oídos si la música está demasiado fuerte. Lo más probable es que si, aun con auriculares, otros pueden oír lo que estás escuchando, es que esté demasiado alta. ¡Cuando seas mayor, agradecerás haber bajado el volumen!

a mucho cloro (para los que están en un equipo de natación).

Oídos para oír

Lo más importante que debes recordar sobre el oído y las orejas es que no debes introducirte nada que sea más pequeño que tu codo. Eso significa que nada de bastoncillos con punta de algodón, ni capuchones de bolígrafo, ¡ni clips! Todos estos elementos pueden hacerte mucho daño en los oídos si los introduces demasiado adentro. Si te lavas el cabello con champú, eso debería bastar para mantener tus orejas limpias. Aun así, no está de más dedicar un poco más de tiempo a restregarte detrás de las orejas con una toallita. Si tienes el cabello corto, ¡la suciedad que se acumula en esa zona puede ser muy visible!

La cera de los oídos es útil: impide que la suciedad penetre en el oído, donde puede causar auténtico daño. Aunque pueda ser tentador hurgar en la cera, es mejor dejarla

en paz y que haga su trabajo. Si sientes los oídos taponados o tienes problemas para oír, habla con tu médico, con un adulto de tu confianza o con la enfermera de tu escuela sobre lo que puedes hacer para eliminar parte de la cera.

Ojo con el ojo

¿Qué son esas dos cosas que tienes entre las orejas? Ah, espera, ¡son tus ojos! Seguro que no hace falta que te digamos lo importantes que son tus ojos; ¡probablemente los estés usando ahora mismo para leer este libro! Lo principal que debes recordar sobre tus ojos es que, si tienes problemas con la vista, debes decírselo a los adultos de tu vida para que te la revisen. Algunas personas tienen problemas para ver las cosas que tienen cerca. Estas personas tienen hipermetropía. Sin embargo, la mayoría de las personas que tienen problemas de visión son miopes, lo que significa que pueden ver las cosas que tienen cerca, pero les cuesta ver la pizarra (o la pizarra inteligente) y otras cosas que están más lejos.

Si tienes problemas para ver, es posible que necesites lentes. Mucha gente tiene lentes (anteojos o gafas), y los hay de todos los colores y estilos divertidos. Aunque al principio te resulten difíciles de llevar, te acostumbrarás a ellos, ¡e incluso es posible que te olvides de que los llevas puestos! Si te preocupa que te gusten tus primeros anteojos, pídele a tu amigo que te acompañe cuando vayas a elegir tus monturas. Puede que te den la confianza necesaria para sentir que eliges algo genial y con estilo. Después de haber tenido gafas por un tiempo, podrías plantearte la posibilidad de ponerte lentes de contacto. Algunos chicos se sienten más cómodos con su aspecto cuando llevan lentes de contacto, mientras que a otros les resulta más fácil practicar deporte con lentes de contacto que con anteojos. Las lentes de contacto, o lentillas, requieren ciertos cuidados, así que habla con tus padres (y después con un oftalmólogo) para saber si son una buena opción para ti.

Poner tu mejor cara

La forma más fácil de cuidar la piel de tu rostro es mantenerla limpia. Puedes lavarte la cara cuando te laves las manos, pero procura usar un jabón suave y sin perfume. No uses jabón desodorante, porque te dejará una ligera capa de desodorante en la cara, y nadie (por muy mal que huela) necesita desodorante en la cara. También debes asegurarte de aplicarte protector solar antes de salir, porque la exposición al sol (y las quemaduras solares) pueden irritarte la piel y causar otros problemas.

Otro problema muy común que tienen los chicos con la piel de la cara es el acné. ¿Quién tiene acné? ¡Casi todos! Nueve de cada diez preadolescentes y adolescentes tienen que enfrentarse a él. Puede parecer una plaga misteriosa, pero hay algunas cosas que puedes hacer para domar al «monstruo de los granitos». El acné se produce cuando hay exceso de grasa y queda atrapado en los poros, se combina con bacterias (es decir, gérmenes) y células muertas de la piel y se convierte en lo que llamamos un granito. Lavarse la cara puede ayudar a reducir el acné, pero no te la laves demasiado a menudo. Si te lavas la cara más de tres veces al día o con demasiada fuerza (no te restriegues la cara como si lavaras una sartén sucia), solo conseguirás irritar el acné, no mejorarlo.

Aunque sea muy tentador, ¡no te rasques ni te revientes los granitos! Eso puede irritarte la piel y provocarte una infección, e incluso dejarte una cicatriz permanente. Puedes comprar en la farmacia cremas para combatir el acné. Sigue las instrucciones y no te pongas más de lo que dice el prospecto; el peróxido de benzoilo y el ácido salicílico (los ingredientes más comunes de las cremas antiacné que se venden sin receta) pueden ser muy irritantes si te pones demasiado. Si te parece que tu acné está fuera de control, habla con los adultos de tu vida para ver si pueden ir a un dermatólogo (un médico especializado en la piel y sus problemas).

Recuerda que, aunque te parezca que tu granito se ve mucho, muchas veces los demás están demasiado ocupados con sus propios granitos como para pensar mucho en los tuyos. Cuando termine tu pubertad, es probable que descubras que la mayoría (aunque no todos) de tus problemas de granitos desaparecen. ¡Aguanta hasta entonces!

Cómo mantener una sonrisa impresionante

Conforme te vayas haciendo mayor, los adultos de tu vida empezarán a esperar que asumas más responsabilidades por ti mismo, por ejemplo en tu higiene bucal (que es una forma elegante de decir que te cuides la boca). Aunque ya no haya un adulto parado junto a ti para comprobar que te cepillas los dientes, ahora es el momento de crear buenos hábitos que mantendrán tus dientes en buen estado por el resto de tu vida.

Probablemente sepas de alguien (quizá un abuelo) que perdió los dientes y ahora tiene unos postizos que se saca por la noche y los guarda en un vaso junto a la cama. Nosotros sabemos ahora mucho más sobre el cuidado dental que ellos cuando eran jóvenes, así que perder los dientes por caries no tiene por qué ser una parte habitual de hacerse mayor.

Cepillarte los dientes es lo más importante que puedes hacer para mantenerlos blancos, bueno, como perlas.

☐ ¡Busca un cepillo de dientes de cerdas suaves, ya que los de cerdas duras pueden provocar pequeñas abrasiones en las encías y causar más problemas! Cambia de cepillo cada tres o cuatro meses, ya que en ese tiempo las cerdas tienden a desgastarse y no limpian bien los dientes. Además, después de un tiempo pueden empezar a crecer bacterias en tu cepillo de dientes, ¡así que no estás más que reintroduciendo gérmenes en tu boca!

☐ No olvides cepillarte toda la superficie de todos los dientes: el exterior (los lados que tocan las mejillas), el interior y todas las partes planas. Asegúrate de cepillarte los dientes en pequeños círculos para mantenerlos bien limpios. También deberías cepillarte la lengua, ¡porque las bacterias pueden esconderse ahí y provocar un aliento muy maloliente!

☐ Recuerda que, para que tus dientes queden realmente limpios, tienes que cepillártelos por dos o tres minutos, que es más de lo que tal vez creías. Usar el temporizador de un microondas o de tu teléfono móvil puede ser una buena forma de saber si te estás cepillando el tiempo suficiente, o busca una canción que dure tres minutos y póntela mientras te cepillas. Pero no cantes, ¡podrías morderte!

☐ Además del cepillado, otra cosa importante que puedes hacer para que tus dientes y encías sigan sanos es usar el hilo dental. El hilo dental elimina los trozos de comida y las bacterias de entre los dientes, y ayuda a prevenir las caries y a mantener fuertes las encías.

¿Tengo que ir? Los chicos y el dentista

Aunque en casa puedes hacer mucho para que tus dientes y tu boca se conserven sanos, también necesitas una revisión y una limpieza cada seis meses en la consulta del dentista. No todas las familias tienen seguro médico y no todos los planes de seguro médico cubren la visita al dentista, pero aun así hay formas de recibir atención dental. La enfermera de tu escuela probablemente pueda darte algunas ideas sobre lo que pueden hacer al respecto los adultos de tu casa.

A algunas personas (no solo a los niños) no les gusta ir al dentista. Si este es tu caso, asegúrate de preguntar tus dudas antes de llegar a la consulta del dentista. Pregúntale al adulto que ha concertado la cita por qué lo ha hecho: ¿te van a hacer solo una limpieza dental o necesitas algo más? Después, cuando llegues a la consulta del dentista, antes de abrir la boca y decir «ahhh», pídele a la higienista dental o al dentista que te expliquen exactamente lo que va a pasar, paso a paso. En la consulta del dentista, algunos procedimientos pueden resultar incómodos, y cuanta más información tengas sobre cuándo y cómo las cosas pueden no gustarte demasiado, mejor podrás prepararte. Una fiesta de cumpleaños sorpresa puede ser algo divertido, ¡pero una sorpresa en el sillón del dentista es de todo menos divertido!

Minirraíles: El drama de los aparatos dentales

Muchos niños (e incluso adultos) llevan ortodoncia. Pero aunque los aparatos de ortodoncia son muy comunes, a veces los chicos sudan solo con oír que podrían tener que ponérselo.

Las razones más comunes por las que las personas necesitan ortodoncia son por tener los dientes torcidos o por diferencia de tamaño entre el maxilar superior y el inferior. Ambos problemas pueden dificultar el cuidado de tus dientes. Los aparatos de ortodoncia no solo mejoran tu sonrisa; pueden hacer que toda tu boca esté más sana.

Llevar ortodoncia te da la ocasión perfecta para empezar a responsabilizarte más de tu salud. Pregúntale a tu ortodoncista (el dentista especializado en aparatos de ortodoncia) cómo debes cuidar los aparatos, qué tipo de alimentos debes evitar y qué debes hacer si se rompe una parte, se dobla o te irrita el interior de la boca.

Afeitarse

El primer lugar de la cara donde probablemente te saldrá vello es encima del labio superior y en la barbilla. Seguramente será solo una pequeña cantidad (como la pelusa de un durazno). Algunos chicos y hombres se lo quitan afeitándose. Otros chicos que tienen una textura de vello más áspera no se afeitan, sino que usan un polvo depilatorio especial para hombres y para chicos a los que les salen «granitos» cuando se afeitan.

No existe ninguna razón médica para quitarse el vello de la cara, pero muchos chicos se sienten más cómodos sin él. Si decides afeitarte, puede que al principio solo tengas que hacerlo cada pocos días porque el vello no crecerá muy rápido. La mejor manera de aprender a afeitarse es hablar con un adulto de tu vida (o un hermano mayor) y que te enseñe cómo hacerlo. Para muchos chicos, su primer afeitado es una parte importante de su paso a la edad adulta.

¡Armas para tus axilas!

Otra posible arma en tu lucha personal contra «los olores» es el desodorante. No todo el mundo (incluidos los adultos) usan o necesitan desodorante, pero si quieres probarlo, que sea de la clase que es solo «desodorante» y no «desodorante/antitranspirante». Los antitranspirantes contienen sustancias químicas que en realidad bloquean tus glándulas sudoríparas, y eso no es muy saludable. Algunos desodorantes tienen un olor más intenso que otros, por lo que es posible que tengas que probar varios tipos diferentes para encontrar el que tiene un olor mejor en ti y va mejor con la química de tu cuerpo.

TU PRIMER AFEITADO

Cuando estés listo para tu primer afeitado, lo mejor es que tu padre, tu hermano mayor u otro adulto te guíe paso a paso, pero aquí tienes algunos consejos para que el proceso sea más... suave.

☐ En primer lugar, elige una maquinilla de afeitar. Hay dos tipos de maquinillas de afeitar: eléctricas y manuales. La maquinilla eléctrica hay que enchufarla, o al menos cargarla, mientras que las de tipo manual (o desechables) necesitan esos anticuados movimientos del brazo. Las hojas de afeitar manuales son desechables, así que, cuando la hoja se gasta, lo normal es botarla y comprar una nueva. Mucha gente piensa que las afeitadoras eléctricas no afeitan tan a fondo como las manuales.

☐ Si eliges una maquinilla manual, también necesitarás algún tipo de crema o gel de afeitar para aplicártelo en la cara antes de afeitarte. Estas cremas y geles ayudan a lubricar tu rostro y a reducir el riesgo de pinchazos o cortes.

☐ El mejor momento para afeitarse es después de darse un baño o una ducha caliente, así tu piel está hidratada y suave.

Hemos llegado al momento de afeitarte:

Paso nº 1: ¡Enjabónate! Aplica la crema o gel de afeitar en las zonas que vas a afeitar.

Segundo paso: Asegúrate de ir en el sentido del pelo, no a contrapelo. Afeitarse a contrapelo (o hacia arriba) puede provocar erupciones o protuberancias enrojecidas.

Paso nº 3: No vayas rápido ni presiones demasiado con la maquinilla. Si lo haces, es probable que te cortes. Es mejor repasar una parte de la piel por segunda vez —ligeramente— que presionar con fuerza. ¡Ay!

Paso nº 4: Después del afeitado, lávate la cara con agua y jabón.

Paso nº 5: Tras el afeitado aplícate una loción facial o un producto hidratante para después del afeitado. Servirá para evitar que se te reseque la piel. Si vas a salir, asegúrate de aplicarte un protector solar con un factor de protección solar (FPS) de al menos 15 (o más si tienes la piel clara).

Enhorabuena por sobrevivir a tu primer afeitado. Pronto te convertirás en un experto, ya que es algo que muchos hombres hacen a diario.

Consejo: Pídele a tu madre o a tu padre que te consigan un lápiz estíptico antiséptico. Modo de empleo: sumerge el lápiz blanco en agua y aplícalo sobre cualquier rasguño o corte para detener la hemorragia de inmediato.

Consejo: Cambia las maquinillas o las cuchillas con frecuencia. Una cuchilla poco afilada puede irritarte la piel y provocarte erupciones. Con ella también es más probable que te cortes la cara.

CONSEJO RÁPIDO

Algunos desodorantes pueden dejar marcas en la ropa. Las marcas se notan sobre todo en la ropa oscura y cuando llevas camisetas de tirantes. Para reducir estas marcas, busca desodorantes con la palabra «invisible» en el recipiente.

Conoce tus pies

Aunque quizás no pienses en tus pies como partes del cuerpo que necesitan muchos cuidados, ellos hacen para ti parte del trabajo más duro. Vale la pena echar un vistazo a lo que tal vez necesitan para funcionar mejor, y a qué puedes hacer para ayudarlos.

En primer lugar, los pies necesitan un buen calzado que les dé un buen apoyo y que sea de tu talla. Sobre todo porque estás creciendo rápido en estos años tan divertidos (ja, ja) de la pubertad, cada vez que compres zapatos deberías medirte con esa cosa que mide los pies (se llama Dispositivo Brannock, pero ese nombre suena un poco aterrador). ¿Sabías que es importante medir los dos pies? Tus pies pueden crecer a ritmos diferentes, ¡y tener un zapato demasiado pequeño puede lastimarte bastante al cabo de un tiempo!

Los pies pueden ser de las partes más malolientes del cuerpo. Esto se debe a que a casi todos les sudan mucho los pies. Y puesto que las bacterias que contribuyen al mal olor crecen mejor en lugares húmedos y oscuros, ¡ya ves por qué quitarte los zapatos puede ser a veces una experiencia aterradora!

En realidad, el cuidado de los pies no difiere del cuidado de cualquier otra parte de tu cuerpo, salvo que tienes que lavártelos con un poco más de energía si realmente quieres que queden limpios. Asegúrate de separar los dedos, ya que las bacterias pueden quedarse ahí y contribuir al mal olor general. Asegúrate de secarte bien los pies y cámbiate de calcetines todos los días.

Un problema común de los pies es el llamado «pie de atleta», que no siempre está causado por el atletismo. El pie de atleta es un hongo, y puede convertir tus pies en un desastre de mal olor y picores. Si sientes picor en los pies y algo que parece piel extraseca en la planta de un pie o ambos (sobre todo donde los dedos se juntan con el metatarso), es posible que tengas pie de atleta. Cuando lo contraes por primera vez, normalmente puedes tratarlo con un medicamento especial llamado antifúngico, que un adulto de los que te cuida puede comprar en casi cualquier farmacia. Es importante tratar el pie de atleta de inmediato porque puede extenderse a partes del cuerpo aún menos divertidas. ¿No has oído hablar de la «tiña inguinal»? Ugggh. Si el antifúngico no elimina tu pie de atleta, o si se extiende a la zona de las uñas de los pies o cerca de ellas, es posible que necesites medicamentos que solo puede recetar un médico.

Vístete

Ducharte todos los días ayuda a quitarte los malos olores, pero también debes cambiarte de ropa con la mayor regularidad posible para seguir oliendo bien. Por desgracia, si una prenda está limpia o sucia no es algo que se pueda saber con solo mirarla. Por ejemplo, una camiseta que has llevado puesta todo el día en el colegio puede no tener una mancha visible, pero ¿y si te huelen las axilas? ¡Piiii! Por eso es mejor tener la ropa sucia lejos de la limpia. Así podrás

distinguirla sin tener que hacer la prueba del «olfato», que de todas formas puede que no te indique nada con seguridad.

¿Soy normal?

Muchos chicos encuentran confusos todos los cambios que se les vienen encima. Quizás no te preocupe que, si no cambias al mismo tiempo —o de la misma manera— que los demás niños, se burlen de ti o te sientas como un rarito. Es cierto que no es fácil experimentar que los otros niños te vean diferente, pero no hay mucho que puedas hacer al respecto. Tu cuerpo se desarrollará cuando esté preparado.

Algo que te ayudará es tener un padre u otro adulto de confianza con quien hablar de estas cosas. También hay libros como este, y sitios web donde puedes encontrar información útil sobre tu cuerpo y tu vida cambiantes. Incluso puedes consultar la sección de recursos de la contraportada de este libro para buscar algunos libros y sitios web que pueden serte útiles.

Recuerda que tú eres el experto en tu cuerpo, y si algo no te parece bien o te resulta extraño o doloroso, díselo a un adulto de tu confianza. Cuanto más puedas aprender sobre tu cuerpo y su funcionamiento, ¡mejor será tu relación vitalicia con él!

LOS CHICOS DICEN:
LAS ESPINACAS ESTÁN MUY SABROSAS CUANDO MI MADRE LAS COCINA CON AJO Y ACEITE. NO CREÍ QUE FUERA POSIBLE, PERO LAS PROBÉ Y ME GUSTARON.

-Nathan, 13 años

También es muy importante recordar que hay chicos de todas las formas y tamaños, y que eso es normal y natural. Puede que no tengas muchos músculos como algunos chicos que conoces, y que seas más rellenito que otros, pero los cuerpos no son todos iguales, ¡y no existe una forma equivocada de tener un cuerpo!

Comer sano para chicos en edad de crecer

Quizás estés harto de oír esto, pero comer bien —y no hablamos de papas fritas para desayunar, galletas para comer y caramelos para cenar— es realmente importante en este momento de tu vida. Tu cuerpo está trabajando duro para crecer y necesita alimentos sanos para cumplir con lo que tiene que hacer. Intenta hacer tres comidas sanas al día, empezando por un desayuno nutritivo. Comer frutas y verduras en cada comida también te ayudará a mantenerte en un peso bueno para ti y te dará la energía que necesitas para hacer todas las cosas divertidas que quieres hacer (y las cosas aburridas que necesitas hacer).

Cada vez que enciendes la televisión, es probable que veas un comercial de alguna nueva píldora adelgazante, una nueva dieta o algún artilugio que ayuda a la gente a perder peso o a no engordar. Si existen tantos de estos sistemas, píldoras y artilugios es porque muy pocos de ellos funcionan a largo plazo. Si te preocupa el tamaño o el peso de tu cuerpo, la respuesta, desde luego, no está en las dietas de moda, en las píldoras ni en morirse de hambre.

En cambio, lo que necesitas es una buena nutrición y el número adecuado de calorías para seguir creciendo y progresando. Las dietas hacen que veas la comida como tu enemiga, y la comida no es tu enemiga; ¡la comida es combustible y debería ser divertida! Aprender a tomar buenas decisiones sobre tu alimentación puede ser parte de lo divertido de crecer.

Asegúrate de trabajar con tu cuerpo, no contra él, para mantenerte sano. Tu cuerpo te envía señales para decirte: «Tengo hambre», y debes asegurarte de escucharlas. Es importante saber cómo es en tu caso la sensación de hambre. Cuando comes porque tienes hambre y no porque estás molesto o aburrido, es más fácil elegir alimentos más sanos.

Además, intenta elegir los alimentos teniendo en cuenta cómo te sientes después de comer ciertos alimentos. Por ejemplo, después de comer papas fritas, ¿te sientes bien? ¿Te sientes con mucha energía? Si has desayunado avena en lugar de rosquillas, ¿es más fácil o más difícil concentrarte en clase? ¿Ves que el «monstruo de los granitos» ataca después de haber comido alimentos grasos? ¿Comer un plátano antes de entrenar evita que tengas hambre durante todo el entrenamiento? ¿Y si te comes una tableta de chocolate?

CONSEJOS SOBRE COMIDA CHATARRA

La comida chatarra es fácil, barata, sabrosa y, admitámoslo, está en todas partes. Dado que la comida chatarra va a seguir ahí, tendrás que tomar las riendas y realizar tus elecciones más saludables a medida que te haces mayor. Insisto, no pienses en alimentos «buenos» y «malos». No hay alimentos específicos que sean buenos o malos, pero hay algunos que no nutren muy bien tu cuerpo. En esta categoría entran muchas opciones de comida chatarra.

☐ A veces, una ensalada puede ser una buena opción de comida rápida, pero ten cuidado con añadir mucho aliño u otros alimentos no vegetales. No aportan mucha nutrición, pero sí muchas calorías. ¡Es como poner en tu ensalada una hamburguesa completamente cargada!

☐ La comida chatarra está muy procesada; es decir, hace mucho tiempo que dejó de parecerse al alimento que alguien cultivó, si es que alguna vez lo fue. Además, como viene de tan lejos y ha sido congelada, enlatada o embolsada, necesita muchos conservantes y productos químicos para que sepa bien. Estos conservantes y productos químicos dificultan que tu cuerpo use la comida chatarra como combustible.

☐ Cuando tengas dudas y haya una opción de fruta, plantéate tomar la fruta.

☐ La bebida que acompaña a una comida chatarra puede llevar la palabra «zumo», pero eso no significa que sea saludable. Ten cuidado con los edulcorantes como el jarabe de maíz de alta fructosa, que a tu cuerpo le cuesta mucho utilizar como combustible.

☐ Piensa en entrenar tus papilas gustativas. Es cierto que las papas fritas saben muy bien, y las de la comida chatarra saben especialmente bien porque a menudo las rocían con una solución azucarada antes de freírlas, pero las manzanas también pueden saber muy bien si te acostumbras a comerlas.

☐ Primero haz unos pequeños cambios. Si sueles tomar una comida chatarra entera y beber un refresco grande, quizá puedas empezar por llevar tu propia botella de agua y no tomar soda. Después de haberlo hecho por un tiempo, quizás cambies las papas fritas por manzanas.

COMER SANO EN MOVIMIENTO

Estos son algunos alimentos que son fáciles de llevar cuando vas a salir y necesitas un tentempié:

- Una barra de granitola
- Nueces
- Una manzana
- Una naranja
- Zanahorias *baby*
- Un plátano
- *Pretzels*
- Uvas
- Galletas saladas
- Un palito de queso
- Yogur
- Cereales
- Galletas Graham
- Mantequilla de cacahuete con apio
- Tostadas
- Un mini panecillo integral con queso en crema

Deportes: Una forma de trabajar tus músculos

Cuando eras pequeño, seguro que, naturalmente, te movías mucho. Si tienes un hermano o hermana pequeños, puede que te fatigue solo verlos corretear. Sin embargo, a medida que nos hacemos mayores, pasamos más tiempo en la escuela y haciendo las tareas de clase y menos moviendo el cuerpo. A veces, ¡el único tiempo que los niños en edad escolar tienen para saltar y corretear es un recreo muy corto!

Los deportes de equipo son una forma de trabajar los músculos, mantener el cuerpo activo y divertirse, pero desde luego no son la única manera. A veces, los chicos se sienten presionados para ser buenos en

El experto dice

En los deportes, a veces los padres se comportan peor que los hijos. Procura que no te afecte que los adultos de tu alrededor se tomen el juego demasiado en serio.

El experto dice

La buena deportividad —aprender a ser tanto un buen ganador como un buen perdedor— es una parte importante de la práctica deportiva.

los deportes. A veces esta presión viene de familiares, padres, entrenadores o amigos. Los deportes pueden parecer la única forma de ser popular en tu escuela. Aunque ser bueno en un deporte está genial, tu objetivo debe ser disfrutar. Solo unos pocos chicos llegarán a ser atletas profesionales, pero todos pueden disfrutar formando parte de un equipo.

Algunas razones para practicar un deporte de equipo son:
- Divertirse.
- Hacer ejercicio y disfrutar de lo que puede hacer tu cuerpo.
- Adquirir habilidades como las del pase y el regate, así como la confianza en uno mismo, la autodisciplina y el trabajo en equipo.
- Hacer amigos.
- Liberar el estrés y la energía acumulados por estar sentado todo el día.

Fíjate en que no hemos puesto «ganar todos los partidos» como razón para jugar. Sí, ganar es divertido, sobre todo comparado con perder, pero si se pone demasiado énfasis en ganar, los deportes se vuelven mucho menos divertidos. Si lo único que hace que el deporte sea divertido es ganar, y solo puede ganar un equipo, ¡entonces solo la mitad de los jugadores pueden disfrutarlo! ¿Irías con un grupo de amigos a ver una película que sabes que a la mitad no le gustará nada?

Sería una pérdida de tiempo. Pues así son los deportes si el único objetivo es ganar.

Si te resulta muy duro perder, puedes fijarte objetivos personales para cada partido, aparte de la victoria. Por ejemplo, si eres fieldeador en béisbol, tu objetivo podría ser atrapar el 80 % de las bolas que te lleguen. Si te cuesta apoyar a tus compañeros de equipo, quizá tu objetivo podría ser encontrar cinco cosas por las que animar a otros jugadores.

En los deportes, los adultos a veces presionan demasiado a los niños. Aunque forzarte un poco puede ser bueno, forzarte demasiado a ti mismo y a tu cuerpo en crecimiento puede provocar lesiones para siempre. Si sientes tanta presión que el deporte deja de resultarte divertido, tal vez sea el momento de hablar con tus padres o con los demás adultos de tu casa sobre este tema.

Seguridad en el deporte

Los accidentes deportivos suceden, pero hay muchas cosas que puedes hacer para evitar lesiones graves. Una de las cosas más importantes que puedes hacer es ponerte el equipo de protección adecuado. Tu cabeza es superimportante porque es donde tienes el cerebro. También es una de las partes del cuerpo más fáciles de proteger simplemente

CONSEJO RÁPIDO

Ponte unos calzoncillos holgados sobre el equipo de protección y nadie sabrá que lo llevas.

LOS CHICOS DICEN:

CUANDO NO TE SIENTAS BIEN TIENES QUE AVISAR A TU ENTRENADOR. DE LO CONTRARIO, NO SABRÁ QUE TIENE QUE SACARTE PARA QUE JUEGUE OTRO QUE SE SIENTA BIEN.

-Brendan, 12 años

llevando el casco adecuado para el deporte que practiques. Pídele a tu entrenador que te ajuste el casco y ponte siempre la correa de la barbilla (si el casco la tiene). Si no, ¡tu casco podría salir volando hacia un lado y tu cabeza hacia el otro justo cuando deberían estar juntos! También debes ponerte casco para ir en bicicleta. En algunos lugares incluso lo manda la ley, y los adultos responsables de ti pueden meterse en problemas si circulas sin ponértelo.

Para algunos deportes, como el fútbol europeo y el americano, es posible que también necesites llevar protecciones. Póntelas aunque te resulten incómodas; si no, la incomodidad que puedes sentir después será mucho peor.

También es importantísimo que protejas tu zona genital. Hay dos equipamientos que protegen el pene y los testículos: una coquilla y un suspensorio deportivo. La coquilla también se llama copa, aunque no se parece en nada a una copa para beber. Se coloca en el interior del suspensorio y protege los genitales de los golpes directos, ya sea de otro jugador (por ejemplo, durante una entrada o un placaje) o de los elementos del juego (la pelota, un bate suelto, etc.). La mayoría de los chicos llaman coquilla a todo el conjunto. Cuando vas con prisas, puede parecer que ponerte coquilla y suspensorio es demasiada molestia, pero si alguna vez

te ha golpeado una pelota rasa que da un salto inesperado, sabrás que hasta con coquilla puede ser muy doloroso. Si no te la pones, te arriesgas a sufrir daños permanentes. Si en el vestuario otros chicos te hacen pasar un mal rato por llevar un suspensorio o una coquilla, díles que se metan en sus asuntos o vete al baño para hacer en privado los últimos ajustes para la protección de tus partes íntimas.

Otra forma muy importante de evitar lesiones en el deporte es hacer calentamiento y estiramientos antes de empezar. El calentamiento y los estiramientos permiten a tus músculos despertarse y hacen que la sangre fluya para que puedas rendir al máximo sin lesionarte. Según los deportes, hay zonas especiales del cuerpo en las que concentrar los estiramientos. Tu entrenador debería saber cuáles son. Si practicas un deporte sin equipos ni entrenadores (correr, o montar en monopatín, por ejemplo), tendrás que investigar por tu cuenta sobre los estiramientos. Puede ayudarte alguien con más experiencia en ese deporte, o puedes consultar las web relacionadas con tu deporte para obtener más información.

El último consejo para tu seguridad en la práctica de un deporte: no juegues si estás lesionado. Es fácil dejarse llevar por la emoción de la última jugada o de un partido competido, pero jugar lesionado puede convertir una lesión pequeña y no muy grave en una que te dé problemas por mucho tiempo. Puesto que vas a necesitar tu cuerpo por el resto de tu vida, ¡no merece la pena hacerse un daño permanente! Si alguien te pide que juegues estando realmente lesionado no te está respetando ni a ti ni a tu cuerpo. Al retirarte del partido, no solo te estarás haciendo un favor a ti mismo, sino que estarás ayudando a todo tu equipo a ser lo mejor posible.

Mantente en movimiento: Más allá de los deportes de equipo

Los niños pequeños se mueven mucho por naturaleza. Sin embargo, cuando ya van a la escuela y tienen que empezar a estar sentados más de seis horas al día, se mueven menos. A menudo, el único momento en que los niños tienen tiempo para saltar y corretear es

en un recreo muy corto. Luego, para empeorar las cosas, a medida que crecen, una parte cada vez más importante del juego al aire libre y de la educación física son los deportes organizados. A veces, los niños, si no son Joe o Janet Jock, dejan de disfrutar moviendo su cuerpo y se vuelven más sedentarios. Esto no es sano, y desde luego no es divertido. Los deportes de equipo no son la única forma de mover el cuerpo y mantenerse saludables.

Aunque no seas una superestrella del baloncesto, hay muchas formas de integrar la actividad física en tu vida. Puedes:

☐ Probar deportes individuales, o que no requieran la participación de todo un equipo, como el atletismo o el tenis.

☐ Experimentar con actividades que podrías disfrutar, pero que no son competitivas. El yoga es un buen ejemplo. ¡En el yoga nadie pierde!

☐ Sal a pasear. Ahí afuera hay todo un mundo por explorar, sin ni siquiera salir de tu barrio.

☐ Ve de excursión (las excursiones son básicamente paseos por donde hay muchos árboles).

☐ Volver a aprender juegos activos que recuerdes de cuando eras pequeño, como el pilla-pilla o el *kickball*. Quizá sea mejor mantenerte alejado del balón prisionero, que con demasiada frecuencia te lastima los sentimientos... o algo peor.

☐ Propón a tus amigos actividades sociales que involucren actividad física. Quizá puedan dar un paseo en bicicleta juntos o ir a patinar en línea.

☐ Siempre puedes jugar a videojuegos de los que te obligan a correr, saltar o bailar donde estás.

☐ Explora formas de desplazamiento que impliquen movimiento, como correr, caminar o montar en monopatín o patinete (con protección, por supuesto).

☐ Ve a nadar en un día de calor. Si hace tiempo que no te mueves, la natación es una opción especialmente buena porque no tienes que forzar las articulaciones.

☐ Ve al centro comercial. Sí, así es, el centro comercial. Pasear por el centro comercial puede ser un buen ejercicio. Algunos centros comerciales incluso abren temprano para ofrecer a los caminantes un lugar seguro donde ponerse en movimiento.

Si lo piensas, probablemente se te ocurran formas aún más divertidas de poner tu cuerpo en movimiento. Recuerda que hay personas de todos los pesos, alturas, tamaños y formas. Si puedes desarrollar hábitos que te gusten y que sirvan para cuidar tu cuerpo ahora que eres joven, crecerás más sano, y mucho más feliz.

Mejoras en el rendimiento: No te arriesgues

Es natural que quieras desarrollar músculos más grandes o ser el mejor en tu deporte, pero, si usas esteroides, a tu cuerpo le pueden ocurrir todo tipo de cosas sorprendentes. Se te pueden encoger los testículos, te pueden crecer pechos, puedes perder el cabello, deprimirte, dejar de crecer o incluso morir. Algunos de los efectos de los esteroides son reversibles; otros, no. Recuerda que un buen cuerpo y una mejor forma física es algo que tienes que conseguir con práctica y entrenamiento, no con drogas. ¡No arriesgues tu futuro solo por tener ahora unos bíceps abultados!

Bostezos: Los chicos y el sueño

Cuando eras pequeño, era más probable que tus padres te impusieran una hora estricta para irte a la cama. Ahora que eres mayor, quizá sigas teniendo una hora para irte a la cama, pero dormir lo suficiente empieza a ser cada vez más una responsabilidad tuya.

El chico promedio de tu edad necesita 10 horas de sueño por noche para crecer y estar sano, pero tú puedes necesitar un poco más o menos. Si tienes problemas para despertarte por la mañana, no puedes concentrarte en la escuela o te quedas dormido en clase, tal vez no sea porque estés aburrido, sino porque no estás durmiendo lo suficiente.

¿Y si tienes problemas para conciliar el sueño? Una de las cosas que puedes hacer es crear una rutina para irte a la cama. Hacer las mismas cosas todas las noches ayudará a tu cuerpo a reconocer: «¡Eh, ya es hora de dormir!». Una rutina para irse a la cama podría ser más o menos así: te pones el pijama, te cepillas los dientes, das las buenas noches a tus padres, lees por unos 15 minutos y luego apagas las luces de otro gran día.

Otra cosa que puedes hacer para conciliar el sueño más rápido y dormir mejor es ¡evitar las pantallas! Mirar el tipo de luz que desprenden las tabletas o los teléfonos inteligentes en realidad le dice a tu cerebro que se mantenga despierto. Puede ser muy divertido acurrucarse bajo las sábanas enviando mensajes de texto a tus mejores amigos hasta altas horas de la noche, pero cuando esas madrugadas dan lugar a mañanas de mal humor, puede que no merezcan la pena.

Mojar la cama

Algunos chicos (más de los que te imaginas) tienen problemas con mojar la cama, incluso en la adolescencia. De hecho, este problema es tan común que tiene un nombre especial: enuresis nocturna. La causa más frecuente es

CONSEJO RÁPIDO

Si tiendes a despertarte en mitad de la noche recordando cosas como: «Oh, cómo se me pudo olvidar decirle a la señora Walker que no puedo cortarle el césped la semana que viene», ten un bolígrafo y un papel junto a tu cama para poder anotar estas cosas.

MÁS CONSEJOS PARA DORMIR BIEN

MANTENTE alejado de la cafeína en las horas previas a acostarse. Probablemente ya sabes que ciertos tipos de sodas contienen cafeína, pero ¿sabías que el chocolate también la tiene?

EVITA las actividades estimulantes. Para algunos chicos, esto puede significar no ver películas de acción o terror, ni leer libros emocionantes o seguir con el videojuego «solo hasta alcanzar el siguiente nivel»; al menos, no justo antes de acostarte. Todas estas cosas son divertidas, pero no relajan.

EVITA discusiones u otras cosas que puedan alterarte emocionalmente justo antes de irte a la cama.

PREPARA la mochila y la ropa para el día siguiente. Si crees que se te puede olvidar algo (como los materiales que necesitas para un proyecto especial) escribe una nota recordatoria.

EVITA pasar tiempo ante pantallas justo antes de acostarte. Las pantallas dificultan que tu cerebro pase al tipo de sueño más reparador.

tener un sueño muy profundo, pero también pueden contribuir a ello otras cosas, como un retraso en la forma en que se comunican el cerebro y la vejiga, la insuficiencia de una hormona que controla la cantidad de orina que produces o una vejiga «funcional» más pequeña, lo que significa que, aunque tu vejiga puede tener un tamaño normal, cuando duermes envía una señal de que está llena antes de tiempo.

En algunos casos, la enuresis nocturna es hereditaria, por lo que si tú mojas la cama, es muy probable que alguien a quien ves en las reuniones de familia también lo haya hecho. Si mojas la cama, habla de ello con un adulto de tu vida. Hay muchas cosas sencillas que te pueden ayudar con la enuresis, pero es mejor que, antes de iniciar cualquier plan por tu cuenta, te examine un médico. ¡Esto ayudará a que las mañanas (y las fiestas de pijamas) sean una experiencia mucho más agradable!

El experto dice

En EE. UU., entre 5 y 7 millones de niños de 6 años o más padecen enuresis nocturna primaria, es decir, se orinan en la cama por la noche.

Capítulo 3:

AMIGOS Y SENTIMIENTOS

Esta suele ser la edad en la que la gente empieza a decir a los chicos: «Ya te estás haciendo un hombre; tienes que dejar de llorar».

Aunque «esas personas» sean tus abuelos o alguien a quien amas, en realidad no saben lo que están diciendo. No tienes que reprimir todas las lágrimas. De hecho, es muy importante llorar cuando hace falta. Llorar es una forma de liberar sentimientos intensos, y si no se produce esa liberación, pueden provocarse problemas para tu salud mental y física.

Es lamentable que haya gente que te haga sentir peor si lloras delante de ellos o que te lo ponga más difícil burlándose de ti. Si estás rodeado de mucha gente así, tal vez te ayude hacer un trato con un buen amigo. Acuerden que parte de su amistad consiste en ser el «espacio seguro» del otro y que nunca se burlarán el uno del otro por llorar.

CONOCE LOS HECHOS

Tus lágrimas de tristeza contienen sustancias químicas diferentes a cuando te lloran los ojos. Al llorar se liberan sustancias químicas de las que tu cuerpo intenta deshacerse. Así que piensa en el llanto como «sacar la basura» para que tu cuerpo se sienta mejor. No te quedes la basura dentro; llora si lo necesitas.

Me estoy volviendo loco: Cómo afrontar los sentimientos descontrolados

Aunque es importante no guardarse los sentimientos, es posible que tú (y tus padres) se sientan frustrados por lo malhumorado que te has vuelto desde que entraste en la pubertad. Puede que en un momento estés enojado y dispuesto a huir de casa, y al siguiente quieras abrazar a todo el mundo y marcarte un baile de felicidad. Por mucho que tus profesores, tus padres e incluso este libro te recuerden que «esto es normal», sigue sin ser divertido.

Si tienes problemas para controlar tus sentimientos, puedes pedir a tus padres o tutores que te ayuden a idear estrategias para afrontar el estrés. A veces, puedes sentirte mucho mejor con unas herramientas muy sencillas.

Por ejemplo, a veces puede ser útil llevar un registro del estrés, que es básicamente un minicalendario donde anotas lo que te inquieta cuando te sientes especialmente preocupado. Esto puede ayudarte a encontrar patrones de causas de tu preocupación o estrés. Por ejemplo: si los jueves por la noche siempre estás estresado y no sabes por qué, al llevar un registro del estrés podrás ver que eso es porque el viernes tienes exámenes sorpresa de matemáticas, tu asignatura más difícil. Si lo sabes, puedes utilizar esa información para encontrar la forma de disminuir el factor desencadenante del estrés. En este caso, podrías pedir ayuda extra en matemáticas para que no te parezcan tan difíciles ni te estresen tanto. También podrías enfocar esta situación de otra manera: podrías hacer el resto de las tareas escolares de la semana antes del jueves por la noche para estar un poco más tranquilo el viernes, ya que entonces tienes menos cosas que hacer. La clave está en averiguar cuál es la causa de tus preocupaciones e intentar que sean un poco más manejables.

Abordar los factores de tu vida que te hacen sentirte fuera de control es una parte de la gestión emocional (que es una forma elegante de referirse a cómo vivir con tus sentimientos), pero aun así puedes tener mucha energía emocional extra rebotando en tu interior. Estas son algunas cosas que puedes hacer para equilibrar algunos de tus estados de ánimo:

☐ Procura no cansarte demasiado ni tener demasiada hambre. El hambre y el cansancio por sí solos pueden provocar mal humor, ¡y

si los agregas a tu mezcla hormonal, mucho peor! Si sientes que empiezas a perder el control de tus emociones, tómate un tentempié saludable (no azucarado) y un gran vaso de agua. A veces basta con sentarte un minuto a comer y beber para que tus emociones vuelvan a la normalidad.

☐ Recuerda que los sentimientos no son buenos ni malos, simplemente son. Sí, es más divertido sentirse feliz que triste, pero no es malo sentirse triste. De hecho, los sentimientos te dan información sobre ti mismo y tu mundo. Por ejemplo, si siempre estás irritado o enfadado después de pasar tiempo con cierto amigo, quizá pase algo que tienes que comentar con ese amigo.

☐ Escribir en un diario puede ayudarte a afrontar las emociones fuertes. Escribir sobre lo que pasa con tus sentimientos no solo puede ayudarte a liberar parte del excedente de energía emocional, sino que también puede ayudarte a resolver las cosas. Si te preocupa que alguien lea lo que has escrito, procúrate un diario con cerradura y busca un buen escondite para él. Puede que no sea la mejor idea llevarlo a la escuela contigo, porque si pierdes la mochila, podrías perder también tu intimidad.

☐ A veces, cuando ninguna otra cosa puede hacerlo, la actividad física ayuda a sacar toda la energía emocional acumulada. ¡Tal vez sea por eso por lo que las escuelas empezaron a tener recreo! Puedes lanzar a canasta, montar en bicicleta o simplemente dar un largo paseo. Si estás en casa y no puedes salir y hacer otra cosa, ¡a veces simplemente gritarle a una almohada puede hacer maravillas!

☐ Hablar también puede servir. Si solo quieres desahogarte, tu mejor amigo podría ayudarte. Si necesitas orientación o consejo, un adulto de confianza que respete tus límites también es una buena opción. Si tienes sentimientos especialmente fuertes, un profesional capacitado (como tu orientador escolar o un psicólogo) debería poder ayudarte a ordenar tus sentimientos y darte algunas sugerencias para hacer más fácil tu vida emocional.

☐ Si no te funciona nada más, involúcrate en una actividad divertida que aleje tu mente de tus sentimientos fuertes. Puedes tocar un instrumento, escuchar tu música favorita, leer o realizar un proyecto artístico.

Otra forma muy eficaz de evitar que el estrés se apodere de ti es pensar siempre en un objetivo mayor o en algo por lo que estés trabajando a largo plazo. Por ejemplo, digamos que eres un chico que se preocupa mucho por los animales y tiene el objetivo de ayudar a la adopción de cinco cachorros de un refugio local. Si salieras a colocar carteles para informar sobre los cachorros y de repente empezara a llover, puede que te molestara la lluvia, pero seguro que no te estresaría tanto como si no te preocuparan los cachorros. El objetivo mayor te ayuda a no estresarte tanto por las pequeñas cosas que no puedes controlar.

El experto dice

La confianza es uno de los rasgos más importantes que puede ofrecer un nuevo amigo. Si no puedes confiar en una persona, no puede ser un buen amigo para ti.

Hacer amigos

Por si no fuera suficiente con que tu cuerpo y tus sentimientos estén cambiando, ¡muchos chicos descubren que esta es una edad en la que tienen que formar un grupo de amigos totalmente nuevo!

A veces se debe a que vas a una escuela secundaria más grande y los chicos con los que solías salir están en clases diferentes y tienen un horario distinto al tuyo. A veces el grupo con el que salías cuando eras pequeño empieza a hacer cosas que no te gustan y necesitas encontrar otro grupo con el que salir. A veces te das cuenta de que tus intereses han cambiado y ya no tienes nada en común con tus antiguos amigos.

Sea cual sea la razón, hacer nuevos amigos puede asustar, pero a la larga resulta gratificante.

Si tienes problemas para encontrar y conservar buenos amigos, puedes intentar hacer una lista de las cualidades que buscas en un amigo (por ejemplo, sentido del humor, que le guste lo mismo que a ti, que sea tranquilo). Mira a tu alrededor a ver quién tiene esas cualidades, ¡puede que incluso sea alguien que no esperabas!

Algunas amistades surgen sin más, pero normalmente hay que hacer un esfuerzo especial para encontrar buenos amigos. Ser amable (saludar a la gente, sonreír, gastar buenas bromas) es un buen comienzo. Interésate por tus potenciales nuevos amigos. Pregúntales lo que les gusta y lo que no, cómo les va o qué les gusta hacer después de clase.

Una forma de cimentar bien una amistad es hacer cosas juntos, no solo ver televisión. Las actividades en las que no hay interacción no pueden ayudarte a conocer muy bien a tu amigo. Más bien, intenten ir al parque, jueguen a un juego de mesa o construyan algo juntos.

Si quieres cambiar de grupo, a veces puedes empezar por hacer algunos amigos nuevos. Almuerza con alguien nuevo o charla con él entre clase y clase. Así podrás encontrar cosas que tienen en común.

CONSEJO RÁPIDO

No des por sentado que alguien no quiere ser tu amigo solo porque no te salude. Podría ser una persona muy tímida, con miedo de dar el primer paso.

Habilidades de amistad

Aunque en cierto modo es natural ser buen amigo de alguien a quien aprecias, hay habilidades que pueden hacer que ser un buen amigo sea más fácil.

Por ejemplo, todos cometemos errores en las amistades: decimos algo que no queremos decir cuando estamos cansados o enojados, o dejamos que algunas bromas vayan demasiado lejos. Una de las formas más seguras de mantener firme una amistad es disculparse cuando uno hace algo que hiere los sentimientos de su amigo. No conviene decir: «Lo siento, pero...» y luego a explicarles en qué están equivocados. Eso no es realmente una disculpa, ¡es una forma de mantener una discusión!

Otra cosa que ayuda a que una amistad siga creciendo es hablar de los desacuerdos antes de que crezcan. Si un amigo toma prestado

tu guante de béisbol y no te lo devuelve cuando te lo prometió, es mejor mencionarlo la primera vez y no esperar a la décima vez para decírselo a gritos. Tal vez ni siquiera sepa que te molesta hasta que tú se lo digas.

Otro componente importante de la amistad es saber escuchar en las cosas grandes y en las pequeñas. Cuando tu amigo tenga un problema, la mayoría de las veces no necesitará que le des consejos ni que le propongas una solución. Probablemente solo necesita que estés ahí y escuches lo que tiene que decir. A veces esto no es fácil. Es posible que tu amigo quiera hablar de una película que a ti te pareció estúpida. Interrumpirlo con un «me abuuuuurro» puede hacer reír a tu amigo, la primera vez, pero no te sentará nada bien cuando te lo haga a ti. Si haces el esfuerzo adicional de prestar atención a lo que tu amigo tiene que decir, tal vez te intereses más por la conversación y decidas que la película no era una tontería después de todo.

Cuando tus amigos pasen por momentos difíciles, puedes hacerles bien ofreciéndote a ayudarles con tareas con las que no puedan. Puede que tengas que ayudarles a pensar en qué puedes hacer que les sirva de ayuda. Por ejemplo, si tu amigo se rompe un brazo y tiene que pasar unos días en el hospital, tú puedes decirle: «Puedo ayudarte yendo a recoger tus tareas al colegio, o puedo traerte algunas revistas para leer». ¿Crees que alguna de esas cosas te ayudaría a sobrellevar este día?».

Al igual que tus amigos deben esperar que estés a su lado en los momentos difíciles, tú puedes esperar lo mismo de ellos. Si necesitas ayuda, llámalos. Si ellos necesitan ayuda, ponte a su disposición. Juntos superarán todos los momentos difíciles que esta etapa de crecimiento puede traer.

ALGUNOS CONSEJOS MÁS SOBRE EL LENGUAJE CORPORAL Y EL ESCUCHAR

Cuando hables con alguien (un amigo, un profesor, un padre u otro adulto), es importante que demuestres que estás escuchando y que no te limitas a esperar tu turno para hablar. Puede ayudarte esperar unos instantes después de que la otra persona deje de hablar antes de empezar tú. A veces, puede ser muy difícil si estás emocionado o nervioso por la conversación.

Otra forma genial de progresar en una conversación es hacer preguntas. Esto puede ser natural cuando intentas entender lo que te cuentan, pero también puedes decir cosas como: «¿En serio? Vaya, ¿qué pasó después?» o «¿Y qué dijo entonces?» o «¿Y qué decía el otro texto?».

Intenta evitar respuestas que suenen aburridas como «Ajá» o «Mmmmm», que hacen que parezca que estás pensando en otra cosa, ¡aunque no sea así! Parte de ser un buen oyente consiste en aprender a leer el lenguaje corporal. ¡Probablemente ya lo haces buena parte del tiempo! Si un amigo tiene los puños cerrados y la cara muy roja, pero dice: «Estoy bien», te das cuenta de que sus palabras y sus acciones no concuerdan y que deberías hacerle otra pregunta o intentar consolarle.

¡Tu lenguaje corporal también importa! Si te giras o miras hacia otro lado o trasteas con tu teléfono mientras tu amigo, profesor o familiar está hablando, transmites que no te interesa lo que te dicen. Si cruzas los brazos puedes dar a entender que no estás abierto a lo que están diciendo, ¡o incluso que estás enojado!

Más bien, inclínate un poco hacia la persona mientras habla y mantén el contacto visual. No mires fijamente a la persona, eso puede dar un poco de miedo. Mírala a los ojos con naturalidad para que sepa que estás escuchando.

¿Es imprescindible enamorarse?

A veces la gente presiona a los chicos en la pubertad para que empiecen a mirar a las chicas de forma un poco diferente o les sugieren que su forma de relacionarse con ellas debe cambiar. En este momento de tu vida es posible que hayas empezado a sentir cosas especiales por algunas chicas, o puede que no tengas ningún interés en ningún tipo de enamoramiento.

Este es un momento de tu vida en que estás explorando las relaciones y conociéndote mejor a ti mismo. No te presiones para empezar la parte de las citas demasiado pronto. Si te interesa tener alguna cita o «salir con» alguien, trabaja primero la amistad con esa persona. Prueba diferentes actividades divertidas que te ayuden a conocer a esa persona. Ir al cine (una primera cita muy típica) no permite hablar mucho, así que tal vez no sea la mejor manera de conocer a alguien. De hecho, habrá menos presión para ambos si salen con más amigos (ya sea en una cita o no) para una actividad de grupo en lugar de pasar el rato solos.

Si sientes mucha presión por parte de tus amigos para lanzarte a tener citas antes de estar preparado, te puede ayudar hacer al menos unos cuantos amigos que vayan a tu mismo ritmo en la cuestión de las relaciones románticas.

La buena noticia es que, tanto si te sientes interesado o preparado para salir con alguien como si no, todas las habilidades de la amistad que estás desarrollando en estos años te ayudarán cuando estés listo.

Capacitación personal

Cuando está en plena pubertad, la vida de un chico puede parecer una montaña rusa. En un momento te puedes sentir superfeliz y al siguiente, supertriste. Agrégale esto a todos los cambios físicos y al

hecho de que está intentando averiguar cómo entablar amistades propias de la escuela media, y verás que son muchas dificultades para manejarlas a la vez.

Una dosis saludable (o incluso creciente) de empoderamiento personal durante estos años puede servir para tener días más tranquilos, aunque no siempre sean fáciles. El empoderamiento personal es un concepto bastante sencillo; solo significa tener un sentimiento o sensación de poder propio.

Si tienes un sentido de tu poder propio, seguirás teniendo los mismos problemas. Tendrás granos que no podrás controlar, tus amigos pueden decepcionarte y a veces tu equipo de baloncesto perderá.

Pero cuando tienes un sentido de poder propio:
☐ Entiendes que tienes el control sobre algunas cosas de tu vida.
☐ Puedes hacer cambios cuando sea necesario, de modo que puedes saltar obstáculos o tal vez patearlos.

☐ Cuando no puedes cambiar una situación, busca maneras de afrontar la realidad con la que tienes que vivir y no te culpes a ti mismo ni a otras personas porque la vida no siempre sea perfecta.

Es de esperar que los adultos de tu vida hayan trabajado contigo desde que eras un bebé para que desarrolles un sentimiento de autonomía personal. Estas son algunas cosas que puedes hacer para desarrollar esta valiosa fuerza propia en tu vida:

☐ Lee libros (los de ficción son buenos, pero los de no ficción son aún mejores) sobre chicos como tú que superaron dificultades y llegaron a conseguir grandes cosas. Presta mucha atención a qué tipo de ayuda recibieron, cómo usaron los recursos a los que tuvieron acceso y qué hicieron cuando se desanimaron.

☐ Conserva muy cerca a los amigos a los que les gusta todo de ti (tu personalidad y quién eres tú en el mundo), ¡y asegúrate de que sepan lo mucho que valoras tenerlos cerca!

☐ Pasa menos tiempo con amigos que te ningunean. En todos los grupos hay alguno: un chico (o chica o adulto) que siempre tiene que ser la estrella y que complica la vida de los demás, que sabe siempre cómo deberían actuar todos en cada momento y que luego se enoja cuando el mundo no coopera con ellos. Esta persona puede ser a menudo encantadora y divertida cuando comienzan a ser amigos, pero luego empezarás a notar que cada vez que tienen un desacuerdo ¡siempre te convence para que cargues con la culpa!

☐ Aprende a pedir ayuda. Como decía un director: «El que no llora no mama». Nadie puede valerse totalmente por sí mismo, ¿y qué gracia tendría si pudiera?

☐ Busca actividades que te obliguen a esforzarte. A veces es más fácil ser un chico que solo va a las clases en las que sabe que puede sacar la mejor calificación, o que solo practica el único deporte que ha practicado toda su vida. Pero si no buscas algo un poco más difícil, no crecerás.

☐ Pide ayuda a los adultos de tu vida para ver cómo las cosas difíciles de tu vida pueden suponer un reto para ti o ayudarte a crecer de forma positiva. Hay un refrán que dice: «Lo que no te mata te hace más fuerte», y parece un poco exagerado. Algunas cosas duras que en realidad no te lastiman físicamente (como el divorcio de los padres) puede que solo te hagan estar más cansado y triste, no realmente más fuerte. Pero puede haber algunos retos en tu vida que te inspirarán a profundizar y encontrar más entusiasmo o energía.

CONSENTIMIENTO Y LÍMITES

A medida que pasas más parte de tu vida fuera de la vigilancia de tus padres o tutores, tienes que desarrollar tu propia ética y tus propios límites.

Un aspecto que debes tener muy claro es que solo se debe tocar a las personas cuando ellas quieran. Tu cuerpo te pertenece y los demás no deben tocarlo sin tu aprobación, es decir, sin tu consentimiento. Del mismo modo, los cuerpos de otras personas (incluidos los niños de todas las edades) son suyos y tú no debes tocarlos sin su consentimiento.

Esto se aplica también a toques que te puedan parecer de broma. Por ejemplo, sobre todo cuando una chica empieza a llevar sujetador por primera vez, un chico puede pensar que es divertido estirarle del tirante del sujetador por fuera de la camisa. Para las chicas esto no tiene ninguna gracia (de hecho, les duele) y no es divertido porque estás tocando a alguien sin su consentimiento.

Es muy importante respetar los límites físicos, pero es igual de importante respetar la intimidad de los demás, que es otra clase de límites. No revises el teléfono o las cosas de otra persona sin su permiso, ni la presiones para que hable de cosas o responda a preguntas que no quiere contestar.

Puedes pensar en el cuerpo, el espacio personal, las pertenencias y los pensamientos privados de otra persona como si fueran su casa, una casita que lleva encima todo el tiempo. Al igual que no irrumpirías en la casa de alguien sin llamar y pedir que te dejen entrar, así deberías pedir y luego esperar a que te den permiso antes de entrar en los límites de su casa.

Capítulo 4:

¿QUÉ QUIERE ESTA GENTE DE MÍ?: CAMBIOS EN CASA

Habrás notado que este libro habla a veces de los «adultos de tu vida», «adultos en casa» o «tutores», además de utilizar el término más específico «padres». Eso se debe a que no todos los chicos son criados por sus padres. Algunos son criados por un solo progenitor, por los abuelos, por dos madres, dos padres, en familias de acogida, familias mixtas, por tíos y tías, o combinaciones de todo lo anterior. Queremos que esos chicos comprendan que este libro también es para ellos. Cada familia es única y diferente de las demás. Lo importante es que haya un adulto en tu vida en quien puedas confiar.

El proceso de pasar de niño a adulto consiste sobre todo en asumir cada vez más responsabilidad por cada vez más partes de tu vida. Esto continúa hasta que tú mismo gestiones la mayoría

de tus decisiones cotidianas, o hasta que te conviertas, como suele decirse, en «tu propio jefe». La verdad es que tú nunca eres totalmente tu único jefe. Vivimos en una sociedad compleja. Incluso cuando seas adulto habrá algunas personas (como tu jefe en el trabajo) que podrán imponerte consecuencias si no sigues las normas. Por supuesto, lo más seguro es que tu jefe no te dirá a qué hora tienes que acostarte, ni qué tipo de programas de televisión puedes ver, ni insista en que te comas las verduras antes de tomar el postre (pero nunca se sabe).

La responsabilidad y tú

La mayoría de los conflictos cotidianos que se producen entre los chicos en la transición entre la infancia y la edad adulta y los adultos de su hogar giran en torno a cuestiones de responsabilidad. El adulto puede pensar que un chico no es lo suficientemente responsable, por ejemplo, para tomar decisiones sobre ver una determinada película o ir a una determinada fiesta. El chico cree que por supuesto que sí lo es. ¿Te resulta familiar? Por supuesto, también puede suceder lo contrario. El adulto puede pensar que un chico es lo bastante mayor como para cortar el césped y sacar la basura; el chico piensa que eso es demasiada responsabilidad para alguien de su edad.

Algunos conflictos entre los adolescentes o preadolescentes y sus adultos son normales, incluso saludables. A los chicos les corresponde, a medida que crecen, separarse de los adultos de su vida hasta ser lo suficientemente independientes como para vivir solos. A estos adultos les corresponde dar a los chicos una orientación con amor, establecer límites y asegurarse de que están realmente preparados para vivir solos cuando llegue el momento.

Probablemente te habrás dado cuenta de que no puedes controlar lo que hacen tus padres o tutores, pero sí lo que haces tú. Un gran paso que puedes dar para poder hacer más cosas que quieres hacer es trabajar para que tus padres confíen en ti. La forma más fácil de hacerlo es hacer lo que dices que vas a hacer cuando dices que lo vas a hacer. Si accedes a ayudar a tu hermano pequeño con las tareas después del colegio, tómate el tiempo necesario para ayudarle, aunque en realidad prefieras ver algo (lo que sea) en la tele. Si tus padres o tutores te dicen que regreses a casa a una hora, asegúrate de llegar a tiempo, aunque todos los demás tengan una hora más tarde y te insistan para que te quedes solo «unos minutos más». Si dices que vas a una fiesta, quédate en esa fiesta, no vayas a otro sitio, a menos que llames y pidas permiso antes.

Toques de queda y otras normas

Los toques de queda suelen ser un tema delicado entre adultos y menores. Es el momento perfecto para trabajar el arte del compromiso. A veces tus padres o tutores te dejarán llegar más tarde si saben que estás

CONOCE LOS HECHOS

El toque de queda medio para un chico de 13 años es a las 21:00 entre semana y a las 22:00 los fines de semana.

CONSEJO RÁPIDO

Ofrécete a llamar o enviar un mensaje de texto a tus padres o tutores para que sepan cómo estás cuando salgas con tus amigos. Ten siempre un plan para salir de situaciones poco seguras.

en un lugar seguro. Trabaja con ellos en lo que harías si, por ejemplo, llegaras a una fiesta y no hubiera ningún adulto, o los chicos estuvieran tomando. Si tus padres saben que tienes un plan para tu seguridad, no tendrán tanto problema para ser flexibles con tu hora de regreso.

Si tú y tus padres se pelean a cada momento por las normas de la casa, pídeles más detalles sobre lo que esperan de ti. Por ejemplo, una regla que suelen poner los adultos es: «Los chicos deben mantener limpio su cuarto». Bueno, para ti, «limpio» puede significar que no salgan setas en la alfombra, mientras que para tus padres o tutores, «limpio» puede significar que tu cama esté hecha todos los días y que pases la aspiradora dos veces por semana.

Tareas del hogar

La mayoría de las familias tienen expectativas sobre la ayuda de los chicos. Pueden esperar pequeñas cosas como recoger la mesa después de la cena, o cosas más grandes como la limpieza de la casa, o incluso ayudar en una granja o comercio familiar. Estas expectativas pueden ser una fuente de conflicto entre los chicos y los adultos del hogar, sobre todo si los chicos sienten que ayudar en casa les quita demasiado tiempo social.

Por suerte, hay algunas formas de negociar las tareas para que todos sientan que están satisfaciendo algunas de sus necesidades.

Si tú y tus padres o tutores se sienten frustrados con el tema de las tareas domésticas, pide una reunión familiar para discutirlo. Prepárate para la reunión de antemano pensando qué aspectos deben cambiar y qué compromisos te parecen razonables para ti. Tal vez te sirva venir armado con algunas áreas adicionales de tareas que podrías estar dispuesto a realizar para ayudar a que la casa funcione sin problemas, a cambio de tener menos responsabilidades en otra área. Por ejemplo, si ayudar con la cena es demasiada presión para llegar pronto a casa después de tu tiempo de deportes, tal vez podrías preguntar en qué podrías ayudar más bien por la mañana.

Si los adultos de tu vida se quejan de que no estás haciendo bien tus tareas, pídeles más detalles sobre lo que esperan que hagas exactamente. Prueba a hacer una lista desglosando la tarea en sus partes más pequeñas y marcando cada una de ellas a medida que las haces.

LOS CHICOS DICEN:

MIS PADRES ME DAN UNA ASIGNACIÓN EN FUNCIÓN DEL NÚMERO DE TAREAS QUE HAGO CADA SEMANA. SI QUIERO MÁS DINERO, TENGO QUE HACER MÁS TAREAS. ME PARECE JUSTO TANTO PARA MÍ COMO PARA MIS PADRES.

—Dwayne, 13 años

CONSEJO RÁPIDO

Si compartes habitación con un hermano, mantén una pequeña sección (aunque sea parte de un clóset o la parte superior de tu escritorio) como tuya. Disponer de un lugar privado para guardar tus cosas privadas puede ayudarte a sentirte seguro y a evitar discusiones.

Oh, hermano (o hermana): El arte de ser amigo de los hermanos

¡Los hermanos pueden ser absolutamente exasperantes! Quizás te enojan cuando toman algo que es suyo, entran en tu cuarto sin preguntar o te molestan cuando tienes amigos en casa.

Puede que tus hermanos mayores intenten mandonearte y decirte lo que tienes que hacer, y que tus hermanos pequeños te pidan prestadas tus cosas o quieran estar cerca de ti todo el tiempo cuando tú solo quieres un rato de descanso y que te dejen solo.

Los hermanos pueden ser muy divertidos, pero eso no significa que sea fácil llevarse bien.

Hay algunas cosas que te pueden ayudar:

☐ Es habitual que los niños más pequeños sientan que sus hermanos mayores se divierten todo lo que quieren y hacen lo que les apetece. Los hermanos mayores suelen pensar que el pequeñín de la familia recibe más atención de la que le corresponde. Trata de recordar que hay cosas buenas y cosas malas en tu fecha de entrada en la familia, y normalmente se acaban igualando.

☐ No te sientas confuso si tienes a la vez orgullo y celos de tus hermanos, a veces justo al mismo tiempo. Si sientes celos de lo que han hecho tus hermanos, acuérdate de que tú posees habilidades y talentos especiales que ellos no tienen.

☐ ¿Sabías que pueden establecer normas «solo para hermanos»? Por ejemplo, si tú y tu hermano tienen problemas cuando se burlan el uno del otro, podrían acordar no hacerlo donde puedan oírlo personas ajenas a la familia, o podrían acordar no burlarse nunca de ciertas cosas.

☐ Si se lo pides, los hermanos y hermanas mayores pueden ayudarte a hacer más fácil esta etapa de tu vida. Si tú eres el mayor, no olvides estar ahí para tus hermanos pequeños cuando lleguen a tu edad.

Tal vez ahora no lo creas, pero tus hermanos y hermanas pueden ser los mejores amigos de tu vida. Si inviertes en tu relación con ellos ahora, seguro que te compensará más adelante.

EL CUIDADO Y ALIMENTACIÓN DE LOS PADRES:
CÓMO HABLAR PARA QUE TE ESCUCHEN

¿Qué más puedes hacer para que tu relación con los adultos de tu vida vaya mejor? Muchas cosas. Por ejemplo:

- Si acabas metido en un lío, díselo en cuanto te des cuenta y pide ayuda. A veces cometerás errores, y la mayoría de los padres recuerdan esta realidad. Encubrir lo que has hecho casi siempre asegura un lío mayor al final.
- Diles cómo te sientes. Tal vez te parezca que pueden leerte la mente, pero no es así.
- Los adultos también son personas, ¡así que háblales como tales! Trata de hablar de algo que les interese a ambos o pregúntales sobre su infancia.
- Intenta no poner los ojos en blanco. Cuando reaccionas poniendo los ojos en blanco, hasta los más calmados suelen desquiciarse.
- Si estás en medio de una conversación que se está convirtiendo en una discusión, pide una pausa para calmarse.
- Escucha a tus padres o tutores y pregúntales cosas. Demuéstrales que por lo menos intentas comprender su punto de vista.
- Elige tus batallas. No todo te importa lo mismo, así que intenta ceder sin grandes discusiones en algunas cosas que no son tan importantes para ti. Los adultos de tu vida te escucharán con más atención cuando les plantees un problema si no tienen la sensación de que siempre te estás quejando de todas sus normas.

Capítulo 5:

TU CUERPO CAMBIANTE EN EL MUNDO EXTERIOR Y EN LA ESCUELA

¿Recuerdas tu primer día del jardín de infancia? Tal vez te preocupaba no llegar al baño a tiempo, extrañar mucho tu casa o no tener mucho éxito con las tijeras. Ahora que has superado con éxito todos esos retos, puede que te resulte un poco frustrante descubrir que cada año escolar trae consigo nuevas y más exigentes cosas de las que preocuparse.

A medida que uno se hace mayor, los padres, tutores y profesores (y, por tanto, los chicos) hablan mucho más de las calificaciones. Algunas escuelas otorgan calificaciones como «satisfactorio» o «necesita mejorar» en los primeros cursos, pero en tercer grado, muchas escuelas cambian al sistema más común de A, B, C (bueno, ya conoces el resto). Esto pone nerviosos a muchos niños porque parecen calificaciones más «reales» que influirán negativamente en su futuro si no lo hacen bien. Dependiendo de dónde vives, es posible que también tengas que hacer los llamados éxamenes decisivos, o éxamenes que debes superar para pasar al siguiente nivel o graduarte en el primer o segundo ciclo de secundaria.

A veces los chicos presionan mucho a otros chicos para que no les vaya bien en sus estudios porque no creen que sea «cool» tener buenas calificaciones. Si esto te ocurre a ti, habla de ello con un adulto de confianza. Puede ser una situación difícil de manejar, sobre todo si los chicos que se burlan de ti por tus buenas calificaciones son viejos amigos. Es probable que hayas oído la expresión «presión de grupo» (la presión que otros chicos ejercen sobre ti para que seas, actúes o vistas como ellos), y este es un claro ejemplo. Algo que puede hacer un adulto es ayudarte a encontrar formas de conocer a otros chicos a los que sí les guste estudiar y a los que no les importe que piensen que son «listos». Además, pídele a tu profesor que te

ayude a mantener tus calificaciones en privado. A los profesores a veces les gusta elogiar a sus mejores alumnos delante de los demás, ¡pero seguramente no saben los problemas que te están causando!

Es cierto que la vida escolar de los chicos en los cursos superiores de primaria o en la escuela media puede ser difícil en algunos aspectos, pero también es un tiempo de cosas emocionantes. Probablemente tengas un poco más de libertad, como elegir algunas de tus clases o incluso a tus profesores. Puede que tengas clases más divertidas que te den la oportunidad de hacer cosas como aprender a tocar un instrumento. Además, tal vez tengas nuevas oportunidades de salir con otros estudiantes, aprender cosas juntos, desarrollar algunos de tus talentos, ¡e incluso encontrar algunos nuevos que ni siquiera sabías que tenías!

Estudiar: Sí, es una habilidad

En este libro no hay espacio para toda la información que podríamos incluir sobre técnicas de estudio. Si te interesa saber más sobre cómo estudiar, la bibliotecaria de tu escuela puede enseñarte libros enteros sobre el tema. Sin embargo, hay algunas cosas sencillas que puedes hacer ahora mismo para que tu tiempo de estudio sea más eficaz:

▢ Lo primero que debes saber sobre las tareas escolares es cuáles son. Ten una libreta pequeña donde anotes todas tus tareas y nunca te quedarás sin saber qué hay que entregar y cuándo. A menos que pierdas la libreta, claro, ¡así que procura no perderla!

☐ Reserva todos los días un tiempo especial para el estudio. Para algunos chicos, el mejor es justo después de llegar a casa del colegio. Otros chicos necesitan un descanso y prefieren sumergirse en sus libros después de comer algo y tener algo de tiempo para relajarse o hacer otras tareas de casa.

☐ Busca un lugar tranquilo para estudiar. Si en casa no puedes, prueba en la biblioteca de tu escuela o barrio.

☐ Para empezar un proyecto, no esperes hasta la víspera de la entrega; si tienes alguna duda o no entiendes algo, ¡no te dará tiempo a averiguar las respuestas que necesitas!

☐ ¿Tienes problemas para concentrarte cuando haces la tarea? Pon un temporizador en tu teléfono o el reloj del microondas para ayudarte a ejercitar tus músculos de «hincar el codo». Si odias las matemáticas, prométete que si te dedicas a tus ejercicios de matemáticas por 30 minutos, podrás tomarte un descanso o pasar a algo más divertido.

☐ A menos que tengas que usar la computadora para la tarea, elige un lugar alejado de Internet. Ver otro vídeo en YouTube de alguien que enseñó a su perro a hacer esquí acuático siempre va a parecer más interesante que el álgebra. También puedes usar software de bloqueo de sitios web para no caer en la tentación de consultar las redes sociales «solo un minuto».

CONSEJO RÁPIDO

Este es el momento de empezar a llevar un cuaderno pequeño (o grande, o enorme, si hace falta) donde anotar todas tus tareas y marcarlas cuando estén terminadas. Podrás divertirte más al salir después de clase si puedes mirar tu cuaderno y ver que lo tienes todo bajo control. También puedes usar tu cuaderno de tareas para recordar las cosas que debes llevar a la escuela por la mañana.

CUESTIONARIO:
¿QUÉ SABES SOBRE LAS CALIFICACIONES?

Si obtienes una buena calificación, significa que has aprendido mucho. Si te ponen una mala, es que no has aprendido nada. ¿Verdadero o falso?

Respuesta: ¡Falso! Las calificaciones son una forma de mostrar cuánto has aprendido, pero no son perfectas. A veces, una más baja en una materia difícil significa que en realidad has aprendido más que una más alta en una materia que te resulta fácil.

Los chicos inteligentes pueden a veces tener malas calificaciones o pasarlo mal en la escuela. ¿Verdadero o falso?

Respuesta: ¡Verdadero! Las calificaciones que ves en tu boletín NO significan «tonto» o «listo». Hay muchos tipos de inteligencia. Aunque la escuela no te resulte fácil, seguro que tienes habilidades especiales en algún otro aspecto, aunque aún no las hayas descubierto.

Si tienes malas calificaciones en una materia, abandona los estudios y múdate a Australia, no hay nada que puedas hacer para cambiarlo. ¿Verdadero o falso?

Respuesta: ¡Falso! Que obtengas calificaciones bajas en una materia no significa que

no seas bueno en esa materia o que tu calificación tenga que seguir siendo baja. Habla con tu profesor sobre lo que debes hacer para mejorar.

Deben gustarte todas las materias por igual. Si no te gustan lo mismo las matemáticas y la ortografía, te pasa algo muy muy malo. ¿Verdadero o falso?
Respuesta: ¡Falso! Es normal que haya materias que te gusten y otras que no. Al fin y al cabo, ¿no te han estado preguntando los adultos desde el jardín de infancia cuál es tu materia favorita? De hecho, si haces primero las tareas de las clases que menos te gustan, ¡podrás usar las tareas de las que más te gustan como recompensa!

Si tienes problemas en la escuela, puedes recibir ayuda de:
a. Tu profesor después de clase
b. El campamento de verano
c. Grupos de estudio extraescolares
d. La biblioteca de tu barrio
e. Un adulto en casa
f. El tipo que alimenta a los leones en el zoo

Sí, lo has adivinado, todas menos «f». Y podrías preguntarle al tipo del zoo, pero por favor no lo distraigas mientras da de comer a los leones. Si acaba siendo comida para gatos, no te será de mucha ayuda.

> No tengo muy buena opinión de un hombre que no es más sabio hoy de lo que era ayer.
> —ABRAHAM LINCOLN

Consigue la ayuda que necesitas: Problemas de aprendizaje

Algunos chicos aprenden mejor leyendo la información de un libro, otros con un experimento y a otros les puede resultar más fácil comprender la información que escuchan en una canción o en un pòdcast.

Aunque a su manera todos aprenden, algunos experimentan dificultades específicas para aprender, las denominadas dificultades o problemas de aprendizaje. Un problema de aprendizaje hace que al cerebro le resulte más difícil trabajar con la información. Tener un problema de aprendizaje no significa que no seas inteligente, solo significa que puedes necesitar tipos especiales de ayuda para aprender. Puede que necesites una medicación que te ayude con algunos de los síntomas de tu problema de aprendizaje, tiempo extra para hacer los exámenes o un profesor con formación especial que pueda ayudarte a descubrir las estrategias que te van mejor.

Ciertas dificultades de aprendizaje también pueden repercutir en tu forma de hablar y jugar con otros niños porque puedes tener problemas para entender el significado de sus señales sociales. Por

ejemplo, algunos chicos pueden no ser capaces de distinguir cuándo otros chicos están bromeando y cuándo están hablando en serio.

Las escuelas y las familias tienen muchas formas de apoyar a los chicos con dificultades de aprendizaje. Cualquier niño con problemas de aprendizaje debe tener algo llamado Programa Educativo Individualizado (PEI, o IEP por sus siglas en inglés), que describe el tipo de apoyo y ayuda que recibe en la escuela. En un PEI todas las personas implicadas en ayudar al chico a aprender se reúnen y elaboran el mejor plan posible. Si te diagnostican una discapacidad de aprendizaje, puedes contribuir a la redacción de tu PEI. Tendrás que hablar con los adultos sobre lo difícil que te resulta aprender y qué cosas te lo facilitan. Tal vez no sea fácil si apenas te sientes cómodo con la idea de tener una discapacidad de aprendizaje, pero aprender a abogar por uno mismo (es decir, a luchar por lo que necesitas) ¡es una habilidad importante que todo chico debe desarrollar!

Si tienes un problema de aprendizaje que te dificulta algunos tipos de tareas escolares, es importante que recuerdes todas las demás cosas que haces bien. Un chico que puede tardar mucho tiempo en terminar un examen de matemáticas a lo mejor lee más rápido que todos los de su clase, mientras que un chico al que le cuesta tener un conversación informal con sus compañeros puede terminar proyectos rápidamente o aprender química sin esfuerzo aparente.

A veces los adultos u otros niños sentirán curiosidad por las clases especiales que te dan. Que alguien te haga una pregunta no significa que tengas que responderla. Aparte de las personas que necesitan saberlo (tus profesores) o de las personas que quizá quieras que lo sepan (como un amigo o dos que te apoyen), no tienes por qué contarle a nadie cómo funciona tu cerebro. Si quieres explicarle tu problema de aprendizaje a personas que puedan abogar por ti,

pídele a uno de los profesores de tu PEI que te ayude a redactar una breve explicación. No tienes por qué compartir, pero al menos la tendrás a mano.

Llevarse bien con los profesores

Si alguna vez quieres hacer hablar a un adulto, pídele que te hable de su profesor favorito. Luego pregúntale por su profesor menos favorito. Nunca le preguntes eso si tienen que ir pronto a algún sitio: ¡esas preguntas suelen dar lugar a historias muy largas!

El hecho de que los adultos hablen con tanto cariño (o tan poco) de cosas que ocurrieron hace tanto tiempo puede recordarte lo importantes que son los profesores para todos los niños. Con suerte, ya habrás tenido algunos profesores que te han gustado de verdad. Seguro que también has tenido algunos profesores que no te han gustado tanto. Es muy normal.

Aunque quizá no tengas muchas (o ninguna) elección sobre quiénes son tus profesores ahora, sí la tienes sobre qué hacer cuando te encuentras con una situación difícil entre profesor y alumno.

Si un profesor te saca de tus casillas, puedes tener la tentación de pensar: «¡Usted no es mi jefe!». A menos, claro, que estés en la escuela; allí, ellos son tus jefes. Si tienes problemas para llevarte bien con un profesor, plantéatelo como una oportunidad para aprender una habilidad muy importante de crecimiento. Al igual que un niño puede tener que aprender de un profesor que no le gusta, los adultos a veces tienen que trabajar para jefes con los que no se llevan bien. Tal vez no te resulte fácil, pero hay algunas cosas que puedes intentar para que tu vida escolar discurra más fluida.

Aunque es normal tener algunos profesores que te gustan y otros que no, si la relación con tu profesor te está dificultando el aprendizaje, hay algunas cosas que puedes hacer para mejorar la situación. Algo que puedes hacer si tienes problemas para llevarte bien con un profesor es intentar darte un poco de tiempo. Sobre todo a principios de año, los profesores tienen mucho que hacer, como preparar las aulas y tener listos los libros y el material. Es posible que notes que actuarán de otra manera cuando las cosas se calmen, cuando el curso escolar esté más avanzado. Como cada chico y cada profesor son diferentes, es posible que tú y tu profesor necesiten tiempo para entenderse.

Puesto que tú sólo puedes cambiar tu propio comportamiento, lo mejor es fijarte primero en eso. ¿Eres puntual? ¿Haces las tareas? ¿Eres respetuoso? ¿Preguntas cuando no entiendes algo? Si has respondido que no a alguna de estas preguntas, intenta primero cambiar tu comportamiento. Si tu profesor tiene algunas «manías» (comportamientos que te molestan o te incomodan), para llevarte bien con él ¡bastará con no hacer esas cosas!

Si no parece que mejoren las cosas, habla con un adulto de confianza. Puede ser uno de tus padres, un amigo de la familia, etc. Aunque hablar con alguien de tu edad es bueno para desahogarte, puede que los chicos no tengan la experiencia necesaria para ayudarte a resolver el problema.

Si nada de esto te ayuda, pregúntale a un adulto si puede ayudarte a concertar una reunión con el profesor. A veces, con solo hablar del problema directamente —sobre todo si tienes a un adulto que te comprende y puede ayudarte a explicarte si te atascas— puedes avanzar mucho.

Con el paso del tiempo en la escuela, tendrás algunos profesores con los que te sentirás muy unido y otros con los que estarás deseando despedirte a final de curso. Si sabes cómo aprender de todos los tipos de profesores, adquirirás unas habilidades vitales muy importantes que te ayudarán mucho más adelante.

ACTIVIDADES NO DEPORTIVAS

¿No te gustan los deportes? ¡No hay problema! Prueba con:
- Escribir para el periódico escolar.
- Hacer fotos para el anuario.
- Jugar al ajedrez en el equipo o en el club de la escuela.
- Cantar en el coro.
- Actuar en (o hacer decorados o diseñar trajes para) la obra escolar.
- Presentarte a las elecciones del consejo escolar.
- Ayudar a planificar bailes u otros eventos divertidos (muchas escuelas tienen un comité social para este tipo de cosas).
- Aprender a manejar y arreglar equipos electrónicos en el club de audiovisuales.
- Aprender sobre otra cultura y otra lengua en (por ejemplo) un club de francés.
- Preparar monólogos humorísticos para el concurso de talentos de la escuela.
- Tocar un instrumento musical.
- Ofrecerte como tutor de alguien que necesite ayuda.
- Trabajar entre bastidores para un equipo deportivo anotando el marcador o ayudando al entrenador.

No son solo los libros: Las actividades extraescolares y tú

Por ahora, la escuela es tu trabajo principal, y como algunos chicos tienen más dificultades que otros con las tareas escolares, algunos días pueden parecerte que estás fracasando en tu trabajo. Esos días es bueno tener algunas actividades extraescolares para desahogarte, aprender cosas nuevas y recordar que la vida es algo más que geometría y ciencias. La mayoría de las escuelas, sobre todo al hacerte mayor, ofrecen muchas oportunidades para divertirse, hacer amigos y aprender algo para lo que eres bueno.

Si tu escuela no ofrece una actividad que te guste, puedes sugerirla. Si no encuentras ningún grupo o club de tu agrado en tu escuela, a menudo los centros municipales, los centros juveniles y las organizaciones religiosas también tienen actividades para chicos.

Aquí tienes algunos consejos para que tus actividades extraescolares sean más especiales:

No te tomes las cosas demasiado en serio. Participar en actividades al aire libre puede ser una forma estupenda de desarrollar la autodisciplina y aprender a dar lo mejor de ti mismo, incluso cuando crees no tener ganas. Sin embargo, si te centras demasiado en conseguir logros y ganar en lugar de simplemente divertirte, te perderás gran parte de la experiencia. Ya hay muchos lugares en los que la vida te presiona, ¡no añadas más!

☐ Honra tus tareas escolares. Los profesores dicen que los trabajos extraescolares pueden hacer que los chicos saquen peores calificaciones y estén supercansados en clase. Si de verdad quieres trabajar al ir haciéndote mayor, lo mejor para tus estudios es que elijas trabajos en los que puedas decidir cuándo hacerlo (como cortar el césped) o tengas un horario muy limitado, como los fines de semana o solo una o dos tardes por semana.

☐ Mezcla. Involúcrate en algunas actividades que sean físicamente activas y también en otras que requieran más esfuerzo cerebral que muscular. Es la ocasión de probar muchas actividades diferentes, para que descubras lo que te gusta.

☐ Usa las actividades extracurriculares para explorar opciones profesionales, pero no tengas prisa por decidirte. Si crees que quieres ser médico o enfermero, te vendría muy bien ser voluntario en tu hospital local cuando tengas la edad suficiente. Las experiencias de la vida tal vez basten para decirte: «¡Vaya, esto es exactamente lo que me gusta!», o: «¡No soporto el olor de los hospitales!». Pero el hecho de que no pudieras soportar el olor del hospital a los 13 años no significa que no puedas tolerarlos cuando vayas a la universidad. ¡Tienes mucho tiempo para crecer y explorar!

☐ Cuando busques actividades para probarlas, no tengas en cuenta solo las populares. No hace falta ser bueno en los equipos deportivos o de animación para hacer buenos amigos. Prueba a participar en el periódico escolar, a hacer fotos para el anuario, a presentarte a las elecciones de delegados o incluso a jugar en el equipo de ajedrez.

☐ Establece algún «tiempo de ocio» en tu vida. Salir con los amigos es una parte importante del crecimiento. Todo el mundo —sobre todo en la adolescencia— necesita tiempo para relajarse sin la presión de alguna actividad estructurada.

Vístete para el éxito

Cuando eras pequeño, seguramente tu madre te elegía la ropa. Ahora que eres mayor, puede ser divertido expresarte con la ropa y ver hasta dónde puede llevar tu estilo personal y experimentar con diferentes estilos y ver qué te queda mejor. Hay muchos tipos de moda ahí fuera y eso significa que cada chico debería poder encontrar uno que se adapte a él.

Ten en cuenta que si eliges unos *jeans* con un montón de rotos o pruebas ese estilo de *jeans* tan grandes que se te caen hasta los tobillos, estás enviando un mensaje a tu alrededor. Igualmente, vestir de traje y corbata a diario también envía un mensaje. El truco está en combinar tu ropa con el mensaje que quieres enviar.

No estamos diciendo que esté bien que otros te juzguen basándose en tu ropa y tu aspecto, pero por desgracia la gente lo hace. Puede que pienses que tu estilo dice: «Soy demasiado *cool* como para que me preocupe llevar una camiseta manchada», pero algunas personas pueden pensar que estás reflejando pereza y descuido, aunque no sea verdad.

Cuando te vistas por la mañana, pregúntate: «¿Qué dice mi ropa de mí?». Si crees que la gente puede estar recibiendo el mensaje equivocado, dales otra información modificando tu estilo.

"¿QUÉ DICE MI ROPA DE MÍ?"

Capítulo 6:

MANTENERSE SEGURO EN LA VIDA REAL Y MÁS ALLÁ

A lo largo de este libro hemos mencionado que todos los chicos viven cambios sociales que acompañan a los cambios físicos de la pubertad. Es la época en la que los chicos están más unidos a sus amigos y menos a sus padres y su familia. Puede que te resulte extraño estar menos conectado con un padre o un abuelo, pero a medida que te hagas mayor, lo más probable es que encuentres formas de relacionarte con ellos que reflejen al adulto en el que te está convirtiendo en lugar de al niño que eras.

Interacciones con los adultos

Tal vez no te sientas tan unido como antes a los adultos de casa, y es normal, pero intenta no apartarlos emocionalmente. Tal vez tu madre no sea la primera persona con la que hables sobre un pequeño problema en la escuela, pero aun así puedes contarle cómo te fue. Estas interacciones diarias serán los cimientos para cuando necesites un apoyo más serio, y para tu futura amistad adulta.

Aunque te estés separando de los adultos que te cuidan, esto no significa que necesites menos a los adultos en tu vida. De hecho, es más importante que nunca tener cerca adultos firmes y fiables que puedan apoyarte.

¿Cómo encontrar adultos que no solo te aporten seguridad al pasar tiempo con ellos, sino que también puedan apoyarte de forma que te ayuden a crecer y te muevan a dar lo mejor de ti mismo? La mayoría de estas personas llegarán a tu vida de forma natural: un profesor, un pariente, un entrenador o alguien que trabaje en tu comunidad de fe (iglesia, sinagoga o mezquita). También podrías conectar con el padre o la madre de un amigo, una tía o un abuelo, o con un mentor que esté en edad de ir a secundaria o a la universidad. También hay programas de mentoría para jóvenes en muchos lugares que ponen en contacto a adultos bien seleccionados con chicos que quieren esa mentoría o clases concretas de apoyo, o que están interesados en una carrera profesional determinada. Si crees que es algo que te gustaría, pregunta a tu orientador de la escuela sobre los programas que podría haber a tu alcance en tu área local.

Cuando entables amistad con un adulto, puede que tengan reglas de comunicación diferentes a las que tendrías con tus amigos. A muchos adultos no les gusta relacionarse con los jóvenes con los que trabajan en las redes sociales, o puede que tus profesores solo acepten solicitudes de amistad de antiguos alumnos, no de los actuales. Esto es solo para proteger tu intimidad y la del adulto; casi nunca es algo personal. Además, los adultos tal vez no quieran enviarte mensajes de texto sobre planes o intercambiar información. Dependiendo (hasta cierto punto) de la edad del adulto y (en mucha mayor medida) de cuánto maneja la tecnología, es posible que no pueda utilizar los emojis o las abreviaturas de texto más nuevas. Y asegúrate de dirigirte a él como lo harías en persona (por ejemplo, señora o doctor) cuando envíes mensajes de texto o correos electrónicos.

Cuando establezcas relaciones con adultos, deberás tener en cuenta tu seguridad personal. Este es un punto muy muy muy importante que hay que recordar: no es la posición del adulto (profesor, sacerdote) o su relación contigo (tía, padre de un amigo) lo que hace que sea seguro para ti pasar tiempo con él; los niños a veces son lastimados por las personas que precisamente deberían protegerlos. Lo que hace que un adulto sea seguro para ti es que siempre respete tus límites.

Los adultos que te ayudan en la escuela o en las actividades extraescolares o que son de tu familia no deben pedirte que guardes secretos sobre tu amistad con ellos, y tu amistad con un adulto debe ser diferente de la que tienes con personas de tu edad.

Espero que ya te habrán dicho muchas veces que tu cuerpo es tuyo y que nadie tiene derecho a tocarte de una forma que te haga sentirte confundido, triste, incómodo o asustado. Nadie, excepto a veces un médico en una consulta, debe tocarte en ninguna parte de tus zonas íntimas (las zonas que sueles cubrir con el bañador). Aunque esa persona sea alguien conocido de tu familia, un pariente o alguien que es muy amable contigo o te presta una especial atención, sigue sin tener derecho a tocarte en esas partes. Si alguien intenta tocarte de una forma que no te parece correcta, no es culpa tuya. Nunca es culpa tuya que un adulto no respete tus zonas privadas, aunque digan que lo es. Si te ocurre esto, debes decírselo a tus padres o a otro adulto de tu confianza lo antes posible.

La presión del grupo

Lo más importante que hay que recordar sobre la presión de grupo es que todo lo que dicen que todo el mundo hace, no lo hace todo el mundo. Resistir la presión de los colegas puede ser duro; algunos chicos dicen que es una de las cosas más difíciles de esta etapa. Aquí tienes algunos trucos que puedes usar cuando trates con otros chicos que quieren que hagas algo que tú no quieres:

☐ Practica el decir «no» cuando no sea superimportante. Esto ayudará a que te vean como alguien que no se limita a seguir a la multitud. A menudo los chicos dejarán de presionarte si saben que no vas a ceder, porque les hace parecer tontos.

☐ Aléjate físicamente de las situaciones en las que te sientas presionado a hacer algo que no quieres. Si sabes que los chicos de la esquina en el recreo están viendo quién va a ser su próxima víctima de calzón chino y tú no quieres formar parte de los que hacen eso, no pases a su lado y da un rodeo para evitarlos.

☐ Pídele a un buen amigo o a un adulto de confianza que te ayude a pensar en formas de enfrentarte a las cosas que dicen los chicos cuando intentan que hagas algo que no quieres. Incluso puedes preparar fichas y llevarlas encima para recordarte lo que debes decir.

☐ Ten un compañero de «presión de grupo». Si tu amigo ve que te cuesta decir «no» a algo a lo que todo el mundo parece decir «sí», él puede intervenir con un: «Bueno, yo tampoco voy a hacerlo». Tener a alguien de tu lado es totalmente diferente de hacerlo solo. ¡Y asegúrate de devolverle el favor a tu amigo!

☐ No tienes que dar una explicación por cada decisión que tomes. A veces decir simplemente «No, gracias» puede ser una forma efectiva de comunicar que la conversación ha terminado. Recuerda: «No» es una frase completa.

☐ Si te cuesta decir «no», recuerda a qué le estás diciendo «sí». Por ejemplo, decir no a un cigarrillo es decir sí a un aliento fresco y unos pulmones sanos.

☐ Por último, recuerda que incluso los adultos tienen que lidiar con la presión de grupo, por lo que aprender a gestionarla ahora puede ser duro, pero dará grandes frutos en el futuro.

Lo que mejor puede ayudarte a afrontar la presión de grupo es sentirte seguro de ti mismo y de tus capacidades. A medida que encuentres cosas que se te dan bien y te involucres en ellas, te sentirás capaz de resistir la presión porque sabes mejor quién eres y qué quieres en la vida.

Acoso y burlas: Cómo protegerte

El acoso, o *bullying*, y la presión de grupo son dos cosas diferentes, aunque a veces puedan parecer casi lo mismo. Básicamente, el acoso es la presión de grupo llevada al máximo nivel. Si otro chico te dice que no serás *cool* si no fumas un cigarrillo con él, eso es presión de grupo. Si otro chico te amenaza con golpearte si no fumas, eso es acoso escolar.

El acoso puede ser algo más que amenazas físicas. Alguien puede intimidarte diciendo un montón de cosas muy malas sobre ti, o puede amenazarte con contar un secreto que te traerá problemas si se sabe. Escribir palabras malsonantes en tu taquilla es también una forma de acoso. Si estás sufriendo acoso, tal vez te sientas desesperado, pero hay cosas que puedes hacer para protegerte.

En primer lugar, recuerda que sufrir eso nunca es culpa tuya. Tienes que creerlo de verdad. A los acosadores les interesa que te avergüences de quién eres, o de la razón que crean tener para acosarte.

Cuéntales enseguida a tus padres, profesores o a un adulto de confianza si estás sufriendo *bullying*. Si ese adulto no quiere hacer nada, díselo a otro. Sigue contándoselo a los adultos hasta que te ayuden.

Trata de pasar menos tiempo solo en los lugares donde se produce la mayor parte del acoso. Si te acosan en la escuela, pídele a un amigo que te acompañe a clase cada día. Si te acosan en tu barrio, vuelve a casa caminando con un grupo de chicos en lugar de hacerlo solo. Si te acosan en el autobús, siéntate delante, cerca del chofer o de un vigilante, en lugar de en la parte de atrás.

Busca apoyo en lo que sea que los matones estén usando para molestarte. Por ejemplo, si se burlan de ti por sacar buenas calificaciones, asegúrate de ir acompañado de otros chicos inteligentes. A menudo la cantidad da seguridad y, como ventaja añadida, podrás ver cómo manejan ellos cualquier atención negativa que puedan recibir.

Los matones suelen salirse con la suya porque nadie está dispuesto a dar un paso al frente y decir: «¡Basta!». Los estudios han demostrado que si un solo niño defiende a otro que está siendo acosado, el acoso suele acabar o reducir su frecuencia.

Tú puedes ser ese chico que da un paso al frente y dice: «¡Basta!». Sí, hace falta ser valiente. Sí, puede significar que atraigas algo de atención indeseada sobre ti, pero también puede significar que la vida de alguien mejore mucho gracias a ti, y ese es uno de los mejores sentimientos del mundo.

Además, puede que algún día necesites a alguien que dé un paso al frente y diga «¡Basta!» cuando algún matón te moleste a ti. Es mucho más probable que lo encuentres si tú has hecho lo mismo por otra persona.

Ser valiente sin ser un matón

Los años de la escuela media son duros para muchos chicos porque estás a medias en todo. No eres del todo un adulto, pero desde luego ya no eres un niño. No haces esas actividades interesantes a las que se dedican los de secundaria, pero tampoco te limitas a aprender lo básico como en primaria. No te has convertido en un adolescente pleno que pasa mucho tiempo

LOS CHICOS DICEN: INTENTA SER AMABLE CON TODOS, SEAN POPULARES O NO. DE ESE MODO, SIEMPRE CONOCERÁS A ALGUIEN CUANDO LLEGUES A UNA CLASE O CAMINES POR EL PASILLO. NUNCA ESTÁS SOLO.

—Andrew, 15 años

CONSEJO RÁPIDO

La mejor manera de no sentirte culpable de que te molesten es concentrarte en todas tus buenas cualidades y valorarte realmente como persona. Encontrar y desarrollar tus talentos y habilidades puede serte muy útil en este sentido, así como aprender a hablar contigo mismo y sobre ti mismo de forma positiva.

desafiando las normas y la presión de los padres, pero ya no estás apegado a tus padres como hace uno o dos años.

La inestabilidad en la autoestima como consecuencia de esta situación es parte de lo que alimenta el dramático aumento del acoso escolar y la presión de grupo en los años de secundaria. Es duro que te hagan *bullying* en la escuela, pero es importante que tú mismo no te conviertas en un matón. La mayoría de los matones han sido víctimas de acoso en el pasado y su forma de intentar sentirse mejor es recoger el testigo de la maldad y la tortura.

Cada vez que traspasas los límites de alguien (ya sea un niño o una niña) estás actuando como un matón. Por ejemplo, al igual que tú tienes derecho a decidir quién toca tu cuerpo, todos los demás tienen este mismo derecho. No es necesario golpear o dar un puñetazo a alguien para considerar que es contacto no deseado; besar, agarrar a alguien o hacerle cosquillas cuando no quiere son ejemplos de ello.

Hay que tener especial cuidado con esto cuando el grado de fuerza que tú tienes es mayor el de la otra persona. Por ejemplo, puede ser más difícil decir «no» o «basta» a alguien más grande o más mayor, o a alguien que tiene más amigos alrededor.

Si los demás alumnos parecen tenerte miedo, se desvían de tu camino para evitarte o si tienes la sensación de que los demás chicos de tu clase te tienen más miedo que respeto, es posible que hayas caído en patrones de comportamiento propios de un matón. Pregúntale a un adulto de confianza si hay alguien con quien puedas hablar para que te ayude con este comportamiento y que pueda ayudarte a forjar amistades sanas.

A veces puedes acabar comportándote como un matón solo porque te juntas con chicos a los que les gusta atormentar y fastidiar a otros niños. Cuando ves a alguien hacer cosas malas a otros estudiantes, empieza a resultarte más fácil hacer esas mismas cosas. Pídele a un profesor o a otro adulto de tu confianza que te ayude a preparar un plan de escape de ese grupo de amigos no tan bueno.

Seguridad personal: Mantener esos límites

No es divertido escuchar a los adultos hablar sin parar de lo peligroso que es todo. Seamos realistas, chicos, en el mundo no todo es peligroso, y desde luego no todos quieren hacer algo malo a los niños. Sin embargo, para sentirte seguro y protegido, necesitas desarrollar ciertas habilidades que te ayuden a reconocer los comportamientos seguros y los que no lo son, y necesitas límites adecuados entre tú y el resto del mundo.

Otra cosa que tanto los adultos como otros chicos podrían hacer y que traspasa los límites es acceder a información privada sin permiso. Por ejemplo, si tu amigo agarra tu teléfono y lee tus mensajes de texto, está traspasando un límite porque no está respetando tu derecho a la intimidad. Puedes decirles a tus amigos que este comportamiento no te parece bien, y también puedes ayudar a las personas de tu vida a sentirse seguras si no husmeas en sus correos, textos o mensajes en las redes. Si te preocupa que tu amigo esté haciendo o diciendo algo a tus espaldas, enterarse de ello leyendo sus mensajes privados no benficiará a su amistad. Si le comentas a tu amigo lo que te preocupa, aunque su respuesta hiera tus sentimientos, lo entenderás mucho mejor y podrás seguir adelante.

Hay cosas que puedes hacer para ayudarte a mantener tus límites. Por ejemplo, por supuesto, no debes hablar con extraños, ni subirte a un auto con alguien que no conoces bien, ni aceptar regalos de adultos que no conoces. También debes asegurarte de no dar ninguna información personal sobre ti a personas que no la necesitan. Por ejemplo, la información que das electrónicamente al rellenar formularios de participación en concursos, o al dar datos personales en línea.

Si estás solo en casa después de la escuela o mientras tus padres están en el trabajo, es mejor no decirlo. A cualquier persona que se acerque a la puerta, como un agente de policía o un encargado de reparar el gas, pídele siempre que te enseñe la placa o tarjeta de identificación; incluso puedes mirarla por la mirilla; ¡para eso está! Antes de abrir la puerta, pregúntales siempre a tus padres si esperan a alguien. En caso de duda, no abras; dile a quien sea que vuelva en otro momento.

Ganarse una buena reputación y mantenerte seguro

Siempre que oigas a un adulto decir: «Mmmm, esa persona se ha ganado una reputación», sabrás que probablemente no lo dice en el buen sentido. Pero al igual que te puedes ganar una reputación entre los chicos de la escuela, también te puedes labrar una buena reputación con las acciones cotidianas. Aunque no puedes controlar lo que los demás dicen de ti, puedes tomar medidas para forjar y proteger una buena reputación. ¿Por qué deberías preocuparse por tu reputación? Una buena reputación es importante porque ayuda a que la gente confíe en ti. Un chico con buena reputación tiene sus ventajas, porque los adultos y sus amigos esperan de él que sea responsable y servicial, y no que tenga un comportamiento negativo o destructivo. Labrarse una buena reputación consiste en demostrar a la gente que te rodea que tienes una buena personalidad. Hay muchas cosas que forman parte de una buena personalidad, pero algunas de las más importantes son:

☐ Ser sincero con tus amigos, familiares y otros adultos. Esto es aún más importante cuando tienes que ser franco con respecto a alguna acción que va a tener consecuencias negativas.

☐ Actuar con responsabilidad, sobre todo haciendo lo que te has comprometido a hacer, aun cuando sea difícil.

☐ Tener autocontrol para hacer cosas aburridas, como las tareas, cuando preferirías hacer otra cosa. A largo plazo te compensará.

☐ No meterte en dramas porque sí. Si bien es cierto que lo que los adultos consideran drama los chicos a veces lo llaman «resolver las cosas con los amigos», si quieres una vida con menos dramas, la forma más rápida es hablar menos de la gente a sus espaldas. Puede ser un hábito difícil de romper al principio, pero te hará la vida mucho más sencilla.

Mantener la seguridad en los mundos electrónicos y virtuales

Internet puede ser un lugar increíble. Puedes comunicarte con amigos y familiares lejanos, aprender más sobre tus aficiones e intereses favoritos, jugar, aprender datos curiosos al azar para impresionar a tus amigos y ver un montón de vídeos de gatos haciendo monerías.

Lo primero que debes recordar siempre y no olvidar jamás es que nada de lo que publiques o compartas en el mundo de Internet (o por cualquier tipo de conexión electrónica) se mantiene en privado.

Antes de enviar ese mensaje o esa foto, pregúntate: «¿Me parecería bien que todo el mundo supiera lo que estoy diciendo o viera esta foto? ¿No solo la persona a la que se lo envío, sino todo el mundo? ¿Mi familia, mis profesores, mi director, mis amigos, mi *babysitter* de cuando tenía 4 años, o incluso los desconocidos?».

Ni siquiera las cosas que publicas en aplicaciones supuestamente anónimas o los vídeos que «desaparecen» después de ser vistos se quedan siempre como privados. Se puede hacer una captura de pantalla de cualquier cosa, y una vez que sale, es para siempre. Pierdes el control por completo; cualquiera puede compartirlo y pasarlo de mano en mano. Has dejado un rastro digital que puede seguirte mucho después de haber pulsado enviar.

El rastro no tiene por qué estar diseñado para causarte problemas; la persona con la que compartes una foto puede ser un amigo cercano que jamás te traicionaría ni compartiría la foto sin tu permiso. Pero ¿y si pierden el teléfono en el colegio y la foto llega a manos de otra persona? Aunque solo sea una foto tonta despertándose por la mañana con el cabello erizado, seguramente no querrás que todo el mundo la vea.

Recuerda otra cosa: casi todas las personas que conoces en Internet son extraños. Y los adultos de confianza de tu vida ya te han advertido sobre hablar con extraños, ¿verdad? Si alguien a quien no conoces en la vida real contacta contigo en Internet y quiere verte en privado, díselo a un adulto de confianza. En Internet, cualquiera puede decir que es un niño, o incluso utilizar las fotos de otra persona para crear un perfil falso.

Si participas en juegos en línea en los que participan otros jugadores que no conoces, pon especial cuidado en que tu nombre de usuario no revele ninguna información, y asegúrate de saber cómo denunciar mensajes abusivos o ciberacoso en el entorno del juego.

Además, piénsalo detenidamente antes de compartir información personal como la ubicación (por ejemplo, «haciendo *checking in*» en diferentes redes sociales) o que estás solo en casa (por ejemplo, «Viendo una película de terror mientras la familia está fuera, brinco con cada ruido, LOL») a todo el que tenga un celular o una computadora.

También es importante respetar los límites de tus amigos y familiares en las redes sociales. Habla con tus amigos sobre si les

parece bien que los etiquetes en fotos y lugares, y ten cuidado con lo que publicas en tu muro o escribes en respuesta a sus publicaciones o compartidos.

Por último, usa contraseñas difíciles de adivinar y cámbialas con frecuencia. Una forma fácil de hacer un código de acceso memorizable es utilizar una frase entera, completa con signos de puntuación, o incluso cambiar algunas de las letras por números. «am0AM1perR0f1d0» será mucho más fácil de recordar para ti (y más difícil de que otros se lo encuentren o lo averigüen) que una cadena de números aleatorios o tu fecha de cumpleaños.

No uses nunca tu cumpleaños o tu nombre como código de acceso.

Ciberacoso

El ciberacoso es cualquier tipo de acoso que tenga lugar mediante tecnología electrónica como celulares, tabletas, computadoras o cualquier otro dispositivo que se pueda utilizar para conectarse a Internet. El ciberacoso no es muy diferente del *bullying* normal, pero a veces puede ser incluso más dañino porque:

☐ El ciberacoso puede producirse en cualquier momento y lugar. No hace falta estar cerca de la persona que te acosa para sentirse asustado o amenazado.

☐ En el mundo electrónico, las cosas pueden difundirse por todas partes en un abrir y cerrar de ojos.

☐ El ciberacoso puede empeorar el acoso escolar porque lo extiende 24 horas al día, 7 días a la semana.

☐ Los que se dedican al ciberacoso no tienen que ver la cara de la persona a la que hieren; esto significa que su conducta abusiva puede írsele de las manos aún más rápido.

☐ En Internet, los acosadores tienen fácil publicar información anónima o esconderse tras un perfil falso para no asumir la responsabilidad de sus actos.

Entonces, ¿qué puedes hacer contra el ciberacoso? Al igual que con el acoso normal, ser víctima de los ciberacosadores nunca es culpa tuya. Pero puedes hacer algunas cosas para protegerte a ti mismo y a las personas que te importan:

☐ Di algo. Si alguien te amenaza, difunde rumores sobre ti, comparte tu información privada, reenvía tus mensajes o se dedica al ciberacoso, haz inmediatamente una captura de pantalla del contenido acosador (si es posible) y denúncialo a la aplicación o software por violación de los «términos de servicio». En la mayoría de las aplicaciones dirigidas a chicos de tu edad, la función de reportar debería estar muy a la vista. Si es posible, bloquea el usuario y cuéntaselo de inmediato a un adulto de confianza. La información y los chismes se propagan rápidamente en Internet, por lo que es importante actuar con rapidez.

☐ Protege la información personal. Esto quiere decir que elijas contraseñas eficaces y cierres la sesión de tus cuentas cuando estés en una computadora compartida. También implica no dejarse presionar para compartir fotos o información que no quieras compartir o que no te gustaría que viera todo el mundo.

☐ No participes en el ciberacoso de ninguna manera y pon de tu parte para la protección de otros chicos. Esto significa no sacar el teléfono para grabar a niños peleándose: ¡más bien busca a un adulto para que los separe!

☐ Si alguien publica algo dañino o privado sobre otra persona, no le des a «me gusta» ni lo compartas. Si sabes que alguien ha creado un perfil falso y lo está usando para acosar, denúncialo o díselo a un adulto de confianza.

Ser víctima de ciberacoso o ser ciberacosador puede tener consecuencias extremas para el futuro de un chico. Algunas víctimas de ciberacoso se han visto obligadas a cambiar de escuela o han tenido que cerrar todas sus cuentas en las redes sociales, y algunos ciberacosadores han sido expulsados de la escuela o incluso han ido a la cárcel. Así que, por favor, mantente a salvo en las redes.

Date un respiro

Lo bueno de tener el mundo al alcance de la mano con un teléfono inteligente es que puedes contactar a quien necesites, cuando lo necesites. El inconveniente es que ¡el mundo también puede llegar hasta ti!

Sobre todo al acercarte a la adolescencia, cuando estás creando tus grupos sociales fuera de la familia, el contacto social se convierte en el centro de tu vida diaria, casi como un trabajo. Un trabajo divertido, pero no deja de ser un trabajo. Si estás al teléfono a todas horas y disponible todo el tiempo, eso es como trabajar las veinticuatro horas del día. Hasta los neurocirujanos tienen días libres, ¿no es cierto?

Aquí tienes algunas formas de tomar el control de tu vida digital en lugar de dejar que ella te controle a ti:

☐ Asegúrate de mantener conversaciones reales, no solo de texto, con tus amigos. Con los mensajes de texto, tienes tiempo para pensar cada interacción, y sabes cómo se entenderá y qué dice de ti, pero las conversaciones en tiempo real, en la vida real, son más espontáneas ¡e igual de divertidas!

☐ Por la noche, pon el celular en modo avión o usa la función «no molestar». Si te preocupa perder una llamada urgente, puedes configurar el «no molestar» para permitir las llamadas entrantes de tus favoritos o de la misma persona que llama dentro de un breve periodo de tiempo, como tres minutos.

☐ Ten días «sin pantalla» de vez en cuando. Te mereces un poco de tiempo para ti. No tienes por qué estar siempre disponible para todos tus conocidos. ¡Quizás el no estar disponible de vez en cuando te dé un aire de misterio!

☐ Si sientes que te gustaría pasar más tiempo sin pantallas, pero te cuesta separarte de tus dispositivos, haz que tus padres u otros adultos de confianza te ayuden en tu lucha. Tal vez tu casa pueda tener un espacio de «recogida y entrega» donde dejar el celular o la tableta antes de irte a la cama o cuando estés haciendo las tareas de casa. Si tienes que dedicarte a un trabajo escolar importante y ya has realizado toda la investigación en línea, pídeles a los adultos de tu casa que te pongan software de bloqueo de sitios y cambien temporalmente la contraseña de Internet para que puedas centrarte en la tarea.

☐ ¿Sabías que los científicos sociales han investigado cómo las redes sociales influyen en cómo nos sentimos cada día, y que las personas que pasan más tiempo en las redes son las más solitarias? Los investigadores desarrollaron la teoría de que estar en las redes sociales se vive como una interacción social, pero no tiene todas las cualidades de pasar el rato con personas en la vida real. Es como comer algodón de azúcar cuando tienes muchísima hambre en lugar de sentarte a comer una comida de verdad. Puedes evitar esa situación optando por la calidad de la interacción, en lugar de la cantidad. En lugar de tener cuenta en todas y cada una de las redes sociales, elige una o dos que te vayan mejor y limita los amigos a las personas que lo son de verdad, y no incluyas a las que solo has visto una o dos veces. Usa las redes sociales para planificar actividades en la vida real, y no dejes que las redes sean un sustituto de las actividades reales.

☐ Prueba con ir a un concierto, al cine o salir con los amigos sin hacer fotos ni publicar nada sobre ello en las redes. Es un tipo de experiencia diferente, y puede que la disfrutes de otra manera.

Capítulo 7:

EL CAOS DEL ESTRÉS

El cerebro y el cuerpo de cada chico son diferentes de los de cualquier otro chico. Esto es así. De hecho, eso es lo que te hace... bueno, ¡ser tú! Y al igual que cada chico es diferente, cada uno tiene sus propios puntos fuertes y débiles, o cosas que hace bien y cosas que le cuestan. Algunas de estas cosas las notarás al hacer las tareas escolares. Por ejemplo, algunos chicos pueden ser grandes escritores, capaces de completar redacciones de 10 páginas sin problemas, mientras que otros tienen todo un problema con un ejercicio de dos frases. Es posible que notes algunas diferencias en los deportes, donde algunos chicos son mejores sin apenas tener que esforzarse.

Cuerpos diferentes, cerebros diferentes

Algunas diferencias solo forman parte del funcionamiento del cuerpo de un chico. Por ejemplo, algunos chicos con TDAH

(Trastorno por Déficit de Atención e Hiperactividad) pueden tener problemas para sentarse quietos y concentrarse. Para funcionar bien en la escuela, estos chicos pueden necesitar tomar medicamentos recetados para concentrarse y terminar su trabajo. Si tú eres uno de esos chicos, es importante que recuerdes que no hay nada malo en tu cerebro, simplemente tu cerebro funciona de forma un poco diferente.

A veces el cerebro de algunos chicos tiene dificultades para entender lo que la gente quiere decir, o para comprender cómo funcionan las amistades y las conversaciones. A los chicos cuyo cerebro funciona de esa manera específica se les dice que tienen TEA (Trastorno del Espectro Autista). Puede que tomen medicación, o que necesiten que se les digan las cosas de una determinada manera

o estar en un aula gestionada de una forma que ayude a su cerebro a funcionar mejor.

Estas diferencias en el funcionamiento del cerebro y el cuerpo de los distintos chicos no tienen por qué causar estrés. Cuando las diferencias causan tensión o estrés, suele ser porque la gente del mundo en general no se ha detenido a pensar cómo puede asegurarse de que su parte del mundo sea accesible a personas cuyos cerebros y cuerpos pueden funcionar de forma diferente.

Por ejemplo, un chico puede tener un cuerpo que funcione de forma un poco diferente al de los demás chicos de su clase: en lugar de caminar, es posible que use una silla de ruedas para desplazarse. Si vive en una casa de una sola planta con una rampa hasta la puerta principal, tal vez no le estrese ir en silla de ruedas, hasta que llega el primer día en secundaria ¡y descubre que hay un enorme tramo de escaleras solo para entrar! Está claro que no es la silla de ruedas lo que lo estresa, sino la falta de reflexión de los responsables de su escuela.

Si te has sentido estresado por la diferencia entre la forma en que funciona tu cerebro o tu cuerpo y la forma en que funciona el resto del mundo, recuerda que cada uno enfrenta sus propios desafíos. Nadie tiene un cerebro o un cuerpo perfectos, por mucho que se lo parezca a otros. Todas las personas tienen sus luchas con algo, así que asegúrate de dedicar tiempo a conocer a otras personas y saber que no eres el único.

¿Qué debes hacer si un chico que tiene un cerebro o un cuerpo que tal vez no funciona exactamente como el tuyo va a tu clase o en tu autobús contigo o está en un grupo de tu comunidad contigo? Puede que te sientas un poco inseguro a la hora de tratarlo. Pero no hay una única manera de hablar con él porque cada chico es particular y cada situación es diferente. Piensa en cómo te gustaría que te trataran a ti y sigue ese ejemplo. Si crees que el chico podría querer ayuda con algo, pregúntale si puedes ayudar y asegúrate de escuchar atentamente su respuesta: ¡no des por sentado lo que un chico puede o no puede hacer!

Probablemente ya lo sepas, pero ignorar o burlarte de los chicos que son diferentes a ti no los hará sentirse bien (ni a ti ni a ellos). Todo el mundo tiene sentimientos, y cualquier chico quiere tener amigos y caer bien. Tal vez descubras que si te esfuerzas por entablar amistad con un niño cuyo cerebro o cuerpo funcionan de forma diferente, puede que seas tú quien más gane con la amistad.

Mudanza

Una mudanza puede ser un momento muy estresante en la vida de un chico. Cuando tus padres te digan que la familia va a mudarse, es posible que te enfades. Puede que te cueste acostumbrarte a la idea. Después de un tiempo, quizá quieras dar algunos pasos que te ayuden a pensar en cómo la mudanza podría ser buena para ti y para tu familia. Aquí tienes algunos primeros pasos:

☐ Busca información sobre tu nueva ciudad en Internet. ¿Qué hay cerca de tu casa? ¿Hay algo divertido allí que no puedas hacer en tu barrio actual? Google Maps podría permitirte tener una visión de 360° de tu nueva calle, barrio y ciudad.

☐ Busca tu nueva escuela en Internet y a ver si puedes memorizar los nombres de los profesores y sus fotos. ¡Así podrás ser el chico nuevo que conoce los nombres de todos los profesores el primer día!

☐ Planifica cómo quieres decorar tu nuevo cuarto, e incluso puede

LOS CHICOS DICEN:

TUVE QUE MUDARME EN OCTAVO Y NO FUE TAN MALO. AL PRINCIPIO ESTABA NERVIOSO, PERO BUSQUÉ ASOCIACIONES A LOS QUE UNIRME E HICE DOS AMIGOS MUY BUENOS CON SOLO IR A JUGAR AL AJEDREZ.

-Jason, 16 años

que uses algunos de los estilos más adultos en los que has estado pensando.

☐ Si van a mudarse en verano, pregunta si puedes unirte a una liga deportiva del lugar, ir a las actividades del centro comunitario local o visitar la biblioteca local para conocer a algunos chicos. Así no tendrás que esperar a que empiece la escuela para hacer amigos.

Como ocurre con la mayoría de las cosas en la vida, es probable que descubras que la mudanza tiene cosas buenas y cosas malas. Las cosas malas probablemente ya las has

pensado, así que aquí tienes algunas cosas buenas para considerar en esta nueva aventura:

☐ Es una oportunidad para reinventarte. Nadie de tu nueva escuela sabe nada de ti. Nadie sabe de tu error en aquel partido importante, que tropezaste en el pasillo o que olvidaste lo que tenías que decir en la obra de primer grado. Puedes labrarte una nueva reputación como la persona que quieres ser.

☐ Podrás hacer nuevos amigos. Elige con cuidado y probablemente encontrarás amigos que te ayudarán a sortear todas las dificultades propias de estar creciendo.

☐ Tendrás la oportunidad de estrechar la relación con tus padres y hermanos. Como al principio serán los únicos que conoces, aprovecha la ocasión para pasar el rato con ellos. Juega, explora tu barrio y fortalece tus vínculos con las personas que más te aman.

Divorcio

Aunque no siempre es tan dramático como parece en la televisión, el divorcio también puede ser muy duro para los niños. Esto es lo más importante que debes recordar si tus padres se divorcian: nunca, nunca, nunca (¿está escuchando?) es culpa de los niños. El divorcio es una elección que hacen los adultos por razones de adultos. Aunque fueras superextrabueno y nunca más te burlaras de tu hermana pequeña, o fueras superextramalo y le amargaras la vida, no podrías causar (ni evitar) tú el divorcio de tus padres.

Cuando los padres se separan, suele haber mucho ir de acá para allá para los niños, y puede que tengas que adaptarte a tener dos hogares en lugar de uno, o incluso (más adelante) a tener un nuevo padrastro o hermanastros. Esto puede ser realmente difícil, sobre todo al principio. Si tienes problemas con esto, es importante que hables con tus padres directamente, en lugar de exteriorizar

El experto dice

El divorcio es una de las cosas más estresantes a las que puede enfrentarse un niño, pero hay formas de hacer que la situación sea lo más fácil posible. Aquí tienes algunos consejos:

☐ El divorcio es más difícil para una familia si los padres no se llevan nada bien. Recuérdales a tus padres que pueden discutir sus desacuerdos cuando tú no estés cerca.

☐ Acepta que habrá algunos cambios. Puede que tengas que cambiar de escuela o incluso mudarte. Te acostumbrarás antes si intentas fijarte en los aspectos positivos.

☐ Algunas familias tienen problemas de dinero cuando los padres intentan adaptarse a tener dos hogares y dos vidas en lugar de una. Es posible que tengas que cambiar tus hábitos de gasto y tus expectativas de regalos para ocasiones especiales.

☐ Habla con alguien. No te guardes tus sentimientos dentro: hay gente ahí fuera que se preocupa por ti y quiere ayudarte.

tus sentimientos portándote mal. Con un mal comportamiento puede que consigas la atención que deseas, pero será una atención negativa, no positiva.

Drogas, alcohol y otras cosas poco saludables

Espero que al ver esto estés pensando: «¿Por qué me hablan de esto? Soy demasiado joven para pensar en cosas así». Por desgracia, no es así con todos los chicos. De hecho, el 6 % de los chicos de tu edad afirman beber alcohol con regularidad.

Aunque no veas a mucha gente en tu vida fumando, tomando alcohol o consumiendo drogas ilegales, estás expuesto a la publicidad del alcohol y el tabaco, y probablemente hayas visto películas y espacios de televisión donde la gente consume drogas ilegales. Así que probablemente sepas algunas cosas sobre el alcohol y las drogas, aunque no hayan tocado tu vida directamente.

Para informarte sobre el tabaco, las drogas y el alcohol lo mejor es acudir a un adulto de confianza. Sobre todo si alguien te pide que pruebes esas cosas. Es importante —pero no siempre fácil— decir «no» a las drogas.

Es especialmente difícil si hay muchas drogas a tu alrededor. Si este es tu caso,

CONOCE LOS HECHOS

El consumo de marihuana puede causar pérdida de memoria y problemas de aprendizaje. También puede afectar tu coordinación.

El experto dice

A muchos chicos de esta edad les gusta probar cosas que los adultos consideran conductas «de riesgo». Si quieres ser más independiente, ten en cuenta que hay formas seguras y constructivas de conseguirlo; no pienses que las drogas o el alcohol son la mejor manera de «comprobar tus límites».

habla con los adultos que cuidan de ti sobre la posibilidad de cambiar cosas de tu entorno (como dónde vives, a qué escuela vas y qué adultos hay a tu alrededor) para ayudarte a mantenerte libre de drogas. Aun cuando no puedas mudarte o cambiar de escuela, pueden ayudarte a idear formas de hacer que tu entorno sea más seguro, por ejemplo, cambiando tu camino hasta la escuela o buscando actividades en las que participar después de clase.

Una de las formas de presionar a los chicos para que consuman drogas es que alguien les diga que tomar, fumar o drogarse es algo propio de adultos. Pero la mejor manera de demostrar lo adulto que eres es enfrentarte a los problemas de frente y estar con los pies en el suelo (en lugar de desconectarte con sustancias ilegales).

Familias superestresadas

Todas las familias sufren estrés, pero algunas tienen que lidiar con mucho más estrés que otras. Por ejemplo, algunas familias tienen que hacer frente a contar con muy poco dinero, a que alguien de la familia beba demasiado o consuma drogas, a la falta de vivienda o a vivir en un barrio con mucha delincuencia.

A veces (pero no siempre) este tipo de situaciones hace que a los adultos de la familia les resulte difícil ser consistentes con la disciplina y suplir las necesidades de los niños, aunque lo intenten con todas sus fuerzas. A veces estos adultos necesitan ayuda para poder ser el tipo de padres que desean ser.

Si alguien de tu familia te inspira temor, si no tienes cubiertas tus necesidades básicas (ropa, comida, ir al médico) o tu familia está superestresada en algún sentido, es muy importante que hables con alguien. El orientador o la enfermera de tu escuela pueden ser buenos para empezar. Puede ser muy duro pedir ayuda, pero es un acto muy valiente. A menudo las familias superestresadas tienen muchos puntos fuertes, solo necesitan ayuda para volver a la normalidad.

Capítulo 8:

¡HACIA TU FUTURO Y MÁS ALLÁ!

Conseguir un trabajo después de la escuela es una forma estupenda de ampliar tus horizontes, ganar algo de dinero y explorar el futuro y prepararte para él. Aunque quizás seas demasiado joven aún para trabajar en una tienda o en un restaurante (dos de los trabajos extraescolares más comunes para los adolescentes), hay muchos trabajos ahí fuera para alguien de tu edad. Por ejemplo, podrías cortar el césped o palear la nieve, podrías cuidar a los hijos de tus vecinos, pasear perros o regar las plantas de la gente que está de vacaciones. A menudo, los campamentos de verano pueden emplear a jóvenes a partir de los 14 o 15 años como aprendices de monitores.

Tres de las cosas más importantes que aprenderás teniendo un trabajo extraescolar son: responsabilizarte del trabajo que haces, hacer tu trabajo lo mejor posible, y saber lo duro que hay

que trabajar para ganar dinero, lo que te ayudará a apreciar todo lo que tus padres te han dado. Por fin tendrás dinero para ir al cine y hacer las demás cosas que te gustan.

Ahorrar, gastar y otras decisiones difíciles

Una de las mejores cosas de tener un pequeño trabajo, como cuidar niños o cortar el césped, es que te permite ahorrar algo de dinero. Por supuesto, querrás poner parte del dinero que ganes en una cuenta especial para cuando vayas a la universidad o compres tu primer coche, pero también puedes ahorrar para cosas más pequeñas que necesites o quieras.

Es fácil gastar el dinero de otras personas; simplemente entras en la tienda, eliges lo que quieres, y puf, tu padre saca su tarjeta de crédito y ya es tuyo. Sin embargo, cuando hayas dedicado tiempo a ganar ese dinero tú mismo, probablemente verás las compras de otra manera. Cuando ahorres para algo que desees, entenderás lo

CONSEJO RÁPIDO

En lugar de gastar tu dinero en dulces y otras cositas, ahorra de lo que ganas con tu trabajo para comprar algo grande que desees de verdad. Si ahorras lo suficiente, serás la envidia de tus amigos cuando compres tu primer auto.

que cuesta realmente comprar ese par de zapatos caros o ese aparato electrónico. Probablemente descubrirás que no solo estás gastando dinero, sino también todo el trabajo que te costó conseguir ese dinero. ¿Merece la pena el esfuerzo de cortar el césped de 25 casas para conseguir ese par de zapatos que querías? La respuesta depende de tu experiencia personal. Puede que ames y valores los zapatos aún más que eso, o puede que decidas que los zapatos no valían tanto.

Explorar las opciones profesionales

Una de las ventajas de participar en actividades divertidas aparte de las tareas escolares es que puedes aprender más sobre lo que se te da bien y lo que te gusta hacer, fuera de tus clases habituales. También puedes conocer a más adultos y tener algunas ideas sobre trabajos que podrías plantearte para una futura carrera profesional.

Además de las actividades extraescolares, hay muchas otras formas de informarse sobre distintos empleos. Si crees que podría interesarte, por ejemplo, cultivar tulipanes para ganarte la vida, pero vives en Arizona y no conoces a nadie que cultive algo más que un cactus de vez en cuando, busca un libro sobre el tema, o pide a un adulto o a un profesor que te ayude a encontrar información en Internet. Además, algunas universidades incluyen en sus páginas web información sobre carreras profesionales para los estudiantes más jóvenes.

Si en este momento no tienes ninguna idea profesional en la cabeza, no te preocupes. Aunque es útil pensar en qué talentos tienes y qué puedes hacer para cultivarlos, ir bien en la escuela y participar en actividades extraescolares es un buen comienzo.

Está muy bien tener una idea sobre en qué te gustaría trabajar cuando seas mayor, ¡pero también está bien cambiar muchas veces de opinión! ¡Hay muchos adultos que aún no están seguros de lo que quieren ser de mayores!

ESTO PUEDO HACERLO

CONOCE LOS HECHOS

Un graduado universitario puede ganar en su vida más de un millón de dólares más que alguien que solo tenga un diploma de secundaria.

Universidad, allá voy (bueno, dentro de unos años)

Tal vez ya estés pensando en la universidad, o puede que aún no. Aún es pronto, así que trata de mantener la mente abierta a todas las posibilidades. Aun cuando nadie de tu familia haya ido a la universidad, o si tu familia no tiene mucho dinero, tienes la posibilidad de conseguir educación superior. Hay muchas opciones —como las becas y otros tipos de ayuda financiera— que te ayudarán a tener una educación superior. También puede pasar tus dos primeros años en un *college* comunitario, que suele ser mucho menos caro que ir a una facultad

privada por cuatro años. Aunque la universidad no es para todo el mundo, ir a la universidad puede abrirte los ojos a algunas de las carreras menos visibles. Además, una buena formación puede ayudarte no solo a conseguir un trabajo mejor pagado, sino también a tener muchos más empleos para elegir.

Sin embargo, un título universitario no es la única forma de conseguir un trabajo que disfrutes. Hay algunos empleos que requieren una formación especializada, pero no universitaria. Para algunos trabajos (como el de fontanero) tienes que completar un tiempo de aprendizaje. Un aprendizaje consiste en pasar un tiempo aprendiendo de una persona con experiencia en esa profesión, pero no en un aula formal. Generalmente, los trabajos que requieren un aprendizaje te permiten utilizar tu cuerpo más que un trabajo de tipo oficina (como ser contable o escritor). Si eres el tipo de chico al que le gusta estar mucho al aire libre o le gusta utilizar las manos para construir o arreglar cosas, quizá quieras investigar los tipos de trabajos que puedes aprender mediante una formación práctica. Tu yo adulto te agradecerá que te hayas tomado el tiempo necesario para explorar todas las oportunidades que se te ofrecen después

LOS CHICOS DICEN:

SIEMPRE PENSÉ QUE QUERÍA SER ABOGADO... HASTA QUE LLEGUÉ A LA UNIVERSIDAD, CLARO. ENTONCES PUDE TOMAR UNA CLASE DE RELACIONES DIPLOMÁTICAS Y DECIDÍ QUE QUERÍA TRABAJAR PARA LA EMBAJADA ESTADOUNIDENSE. EN LA SECUNDARIA NI SIQUIERA SABÍA QUE ESE TRABAJO EXISTIERA.

-William, 21 años

de la secundaria antes de tomar una decisión que tiene el poder de afectar el resto de tu vida.

Conclusión

En estos años te estás conociendo a ti mismo y vas a descubrir que tienes muchas cualidades asombrosas. Tú eres diferente de cualquier otra persona, y es esta singularidad (y no tus grandes músculos ni el hacerte el duro) lo que te pone en el camino de ser un hombre de verdad.

A algunos hombres les gusta ver deportes y a otros les gusta practicarlos. Algunos hombres odian los deportes y prefieren pasar el tiempo en proyectos de carpintería o tocando la guitarra. Algunos hombres piensan que las flores son un asco y a otros les encanta pasar el tiempo cuidándolas. Algunos hombres aman la caza y otros son vegetarianos. Ninguno de ellos está equivocado.

Respeta cómo eres por dentro y dedícate buenas palabras. Busca y procura estar cerca de personas que te aprecien a ti y lo que tienes para dar. Ahora estás creciendo, y te quedan más aspectos en los que crecer, pero vas camino de convertirte en alguien fuerte para expresar atención y solidaridad en el mundo que te rodea.

RECURSOS Y LECTURAS COMPLEMENTARIAS

Libros

Feed Your Head: Some Excellent Stuff on Being Yourself
Por Earl Hipp
(Hazelden, 1991)
Este libro es antiguo, pero tiene muchísima información útil sobre resistir la presión de grupo.

Our Boys Speak: Adolescent Boys Write About Their Inner Lives
Por John Nikkah
(St Martins, 2000)
Este libro consiste en cartas y ensayos escritos por chicos jóvenes. Está dividido en secciones por temas como los hermanos, la presión de grupo, la depresión y la violencia escolar. Quizá te interese saber cuántos otros chicos viven sentimientos y luchas como los tuyos.

Páginas web

Nombre de la página web: Preteen Health Talk (Charla sobre salud preadolescente)

¿Dónde está? http://www.pamf.org/preteen/

¿Quién la dirige? Palo Alto Medical Foundation

Aquí encontrarás mucha información sobre los cambios de tu cuerpo. También tiene secciones sobre tus sentimientos, crecer y compartir. Otra característica especial de este sitio es que incluye reseñas de libros y películas ¡escritas tanto por niños como por padres! Incluye un recurso educativo especial para padres y profesores sobre la prevención del acoso escolar.

Nombre de la página web: ¡BAM! Body and Mind (Cuerpo y mente)

¿Dónde está? http://www.cdc.gov/bam/

¿Quién la dirige? U.S. Department of Health & Human Services (Departamento de Salud y Servicios Humanos de Estados Unidos)

Se trata de un sitio enorme que incluye información sobre enfermedades, alimentos y nutrición, estrés, asuntos familiares y resolución de conflictos (cómo llevarse bien).

También incluye juegos y cuestionarios y elementos interactivos muy divertidos, como crear tu calendario de actividades, un juego interactivo que comprueba si tienes características de matón y un cuestionario para medir el estrés.

Conoce a los que han colaborado en este libro

Kelli Dunham es enfermera, cómica y autora de *The Girl's Body Book*, *How to Survive and Maybe Even Love Nursing School* and *How to Survive and Maybe Even Love Your Life as a Nurse.* Ha trabajado como enfermera de atención primaria y de visitas a domicilio con madres primerizas. Ha vivido en Puerto Príncipe (Haití), Ohio, Oklahoma, Florida, Portland (Oregón), Nueva York y en una casa flotante en Filadelfia. En su tiempo libre le gusta leer y el monopatín, y le gustaría muchísimo aprender a tocar el banjo.

Steve Bjorkman ha ilustrado más de 70 libros para niños, incluidos títulos como *Good Night, Little One*, libros de lectura fácil como *Thanksgiving Is…* y series como *Mama Rex and T.* Steve también es conocido por ilustrar tarjetas de felicitación. Se han vendido más de 100 millones de sus tarjetas de felicitación para Recycled Paper Greetings.

Robert Anastas es educador, autor, conferencista, consejero y fundador de los programas SADD (Estudiantes contra la conducción en estado de embriaguez, por sus siglas en inglés) y Check in to a Winning Life. Recibió el premio al Profesor del Año de Massachusetts y el Premio al Servicio Distinguido del Departamento de Salud y Servicios Humanos de Estados Unidos y fue miembro de la Junta Directiva de la Comisión Nacional para la Prevención del Alcoholismo y la Drogodependencia. Anastas ha recorrido cientos de miles de kilómetros por Norteamérica, Europa y Asia hablando a más de dos millones de estudiantes, educadores y padres sobre temas relacionados con el abuso del alcohol y las drogas, el consumo de alcohol al volante por parte de adolescentes y la comunicación entre padres e hijos.

Índice

A

ácido salicílico, 37
acné, 21, 37
    evitar rascar o reventar, 27
    tratamiento de, 37
Acné, cremas para el 37
actividad física fuera del deporte, 56-58
actividades extraescolares no deportivas, 101
actividades extraescolares, 102-3
afeitado, 41, 42-43
    instrucciones para el afeitado, 42-43
    tipo de maquinillas de afeitar, 42
agravamiento de la voz
    media de edades en que se produce, 24
    tiempo medio de cambio para una nueva voz, 24
alimentación sana, 47-50
    consejos para aperitivos, 50
    consejos sobre la comida chatarra, 49
    importancia de comer lo suficiente y con regularidad, 49
    importancia de las frutas y verduras, 47
amistades, 68-71
    cómo hacer amigos, 68-69
    cómo ser un buen amigo, 70-71
antitranspirante, 41
aparato dental, 40
    mantenimiento de, 40
    razones para, 40
aprendizaje, 139
auriculares, uso adecuado de, 34

B

bibliotecario escolar, cuándo contactar, 92
brotes de crecimiento
    dolor durante, 16
    torpeza durante, 16
bullying, acoso y burlas, 111-13
    ciberacoso, 119, 120-22
    cómo no convertirse en un matón, 113-15
burlas, 62, 70, 91, 111-112, 127

C

cabello graso, cuidados, 33
calificaciones, 90-91, 94-95
cambios de humor, 21
    causa biológica de, 22-23
    causa emocional de, 23
caspa, 33
cepillo de dientes, cuándo sustituir un, 38
ciberacoso, 119, 120-22
citas, 74
comida chatarra, consejos sobre, 49
cómo gestionar, 23
cómo utilizar este libro, 10, 13
consejero escolar, cuándo contactar, 107, 133
cuerdas vocales
    alargamiento y agravamiento, 24
    cambios de vibración, 25
cuidado bucal
    cómo elegir un cepillo de dientes, 38
    importancia de las revisiones dentales, 39
    importancia del hilo dental, 39
cuidado de los pies
    importancia de un buen calzado, 44
    lavarse los pies, 44-45
    pie de atleta, 45
    pies malolientes, 44
cuidado del cabello
    cómo utilizar el acondicionador, 33
    cómo utilizar el gel, 33
    frecuencia del champú, 33
    tipos especiales de champú, 33-34

D

dentista, ir al, 39
depilatorio, polvo 41
deportes
    actitud adecuada hacia los, 52-53
    estiramientos antes de jugar, 55
    razones para participar, 52
    seguridad durante el juego, 53-54
dermatólogo, 37
desodorante, 41
    seco «invisible», 44
desodorantes, jabones 30
diario, 27
dinero, cómo administrarlo, 135-36
divorcio, 129-30
dormir
    cantidad de horas adecuadas, 58
    consejos para dormir bien, 60
    enuresis nocturna, 59, 61
drogas y alcohol, 6-7, 131-32

E

empleos, 103, 134-35, 136, 137, 139
enamoramientos, romántico, 74
enfermera escolar, cuándo contactar, 35, 39, 133
erecciones
    aumento de la frecuencia de, 18
    cómo gestionar las, 18
    definición de, 18
    sueños húmedos, 19
    gestión de la colada después de, 19
escroto
    más oscuro, 18
    más rugoso, 18
escuchar bien, consejos sobre, 72-73
espinillas, granitos, barrillos
    después de comer alimentos grasos, 48
    problemas con, 37
espráis corporales, 30
esteroides, 58
estrés, registro del, 64
estudiar, consejos para, 92-93

F

fumar, 131-32

G

ginecomastia, 24
granitos, 37

H

hermanos, relación con los, 86-87
higiene
    afeitado, 41, 42-43
    cuidado bucal, 38-40

cuidado del cabello, 33
cuidado del oído, 34-35
cuidado de los pies, 44-45
ducha/baño, 30
lavado de la cara, 36-37
lavado de las manos, 30, 32
hilo dental, importancia del, 39
hipermetropía, 35
hormonas, 14, 16, 22, 61

I
ideas para tentempiés, 50
internet, uso de, 118-20
    ciberacoso, 119, 120-22
    uso equilibrado de, 122-23

L
lápiz estíptico antiséptico, 43
lavado de cara, 36
lavado de manos, 30, 32
    importancia de, 30, 32
lentes, 35, 36
límites, 78, 108, 114, 115-116, 120
loción, 32-33
llorar, 62

M
maquinilla de afeitar eléctrica, 42
maquinilla de afeitar manual, 42
mentores adultos,
    relaciones con, 106-9
    seguridad personal en torno a, 108
miopía, 35
mudanzas, consejos para, 127-29

O
oído, cuidado del
    finalidad de la cera de los oídos, 34
    no introducir objetos punzantes, 34
    limpiarse detrás, 34
ojo, cuidados del
    hipermétrope, definición de, 35
    lentes de contacto, 36
    lentes, elegir 35
    miopía, definición de, 35
ojos en blanco, 89
olor
    axilar, 41
    crearse una reputación por, 28
    de pies, 44
    duchas/baños resistentes, 28
    importancia de ducharse/ bañarse a diario, 30
olor axilar, 41
opciones profesionales, pensar en, 137
ortodoncista, 40

P
padres, relación con, 89
    durante el divorcio, 129
pelo áspero, cuidados, 33
pelo enredado, cómo arreglarlo, 33
peróxido de benzoilo, 37
peso, 47, 48, 58
pie de atleta, 45
presión de grupo, 91, 110-11, 141
problemas de aprendizaje
    Programa de Educación Individual (PEI), 97
    TDAH (Trastorno por Déficit de Atención e Hiperactividad), 124
    TEA (Trastorno del Espectro Autista), 125
profesores, relación con, 99-100
Programa de Educación Individual (PEI), 96-97
protección solar, importancia de, 36
pubertad
    diferentes duraciones de la, 26
    edad media de inicio, 14
    edad media de finalización, 14
    preocupaciones normales durante la, 26-27

R
redes sociales, 26, 93, 108, 116, 119, 120, 122, 123
relaciones
    con los hermanos, 86-87
    con los padres, 89
    durante el divorcio, 129
    durante estrés importante en el hogar, 132-33
    con los profesores, 99-100
    con otros adultos, 106-9
    románticas, 74
reputación, importancia de, 117-18
respetar a los demás, 78-79
responsabilidades
    discutir con los padres, 82
    tareas, 84-85
    toque de queda, 83-84
ropa
    desarrollar un sentido del estilo, 104-5
    importancia de cambiar regularmente, 45
rutina antes de acostarse, 59

S
seguridad, consejos, 115-16
    mantenerse seguro en internet, 118-20
semen, 19
sentimientos, cómo tratarlos 8, 9, 10, 23, 26-27, 62, 64-67, 86, 89, 116, 129, 130
sudor
    causa del acné, 21
    aumento de, 21
    olor más fuerte del, 21
suspensorio, 54-55

T
tareas, 84-85
TDAH (Trastorno por déficit de atención con hiperactividad), 124-25
tejido mamario
    cómo gestionar, 24
    desarrollo de, 23-24
testículos
    crecimiento de, 18
    propósito de, 18
testosterona, 16, 18, 22, 23, 24
tiempo de pantalla, 60
tiña inguinal, 45
toque de queda, 83-84
Trastorno del espectro autista (TEA), 125

U
universidad, pensando en la, 138-39
uñas, cuidado de, 32
    recortarlas, 32
    lavar debajo, 32

V
vello
    crecimiento en nuevos lugares, 20
    nuevo vello después de la pubertad, 20
vello púbico, 22
vergüenza por diversos aspectos de la pubertad, 13, 16, 18, 19, 20, 26

MIS GRANDES IDEAS

MIS MAYORES SUEÑOS

Acerca de Applesauce Press

Las buenas ideas maduran con el tiempo. Desde la semilla hasta la cosecha, Applesauce Press crea libros con bellos diseños, formatos creativos e información adaptada a los niños. Al igual que nuestra empresa matriz, Cider Mill Press Book Publishers, nuestra imprenta da sus frutos dos veces al año, publicando una nueva cosecha de títulos cada primavera y otoño.

«Donde los buenos libros están listos para la imprenta»

501 Nelson Place

Nashville, Tennessee 37214

cidermillpress.com